POLYGLOTT zu Fuß entdecken

München

Die Autorin
Karin Baedeker

Erkunden Sie zu Fuß
Ihre Lieblingsstadt mit
allen ihren Facetten
und verborgenen Winkeln.
Jede Tour lässt Sie
überraschende Eindrücke
sammeln und Altbekanntes
neu genießen.

ZEICHENERKLÄRUNG

① POLYGLOTT-Touren
Die Touren leiten von einer Station des öffentlichen Nahverkehrs, Bus, Ⓢ und Ⓤ, zu einer anderen – Parkplatzsuche überflüssig.

Wann

 Sie sind viel im Freien unterwegs – am schönsten bei Sonnenschein

Überwiegend im Inneren – macht auch bei Regen Spaß

Am schönsten in der Abenddämmerung und danach

Dauer · Distanz

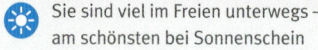 Ein Spaziergang von bis zu zwei Stunden zu schönen und interessanten Orten

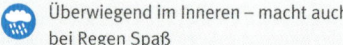 Ein Spaziergang mit Sehenswürdigkeiten, der einen halben Tag dauert

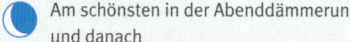 Ein ganztägiger Spaziergang

★ Top-12-Highlights
Herausragende Sehenswürdigkeiten sind mit Stern gekennzeichnet.

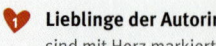 **Lieblinge der Autorin**
sind mit Herz markiert.

Mal Pause machen
Kleine Auszeit während der Tour

Preiskategorien
Hotel (DZ inkl. Frühstück):
€€€ ab 170 €
€€ bis 170 €
€ 60 bis 100 €

Restaurant (Menü):
€€€ ab 20 €
€€ bis 20 €
€ 10 bis 15 €

INHALT	SEITE
Das ist mein München	6
Meine Lieblinge	7
Top-12-Highlights	8

DIE TOUREN IM ÜBERBLICK

STADTVIERTEL	WANN	DAUER	SEITE
Tour ❶ **Innenstadt** Wechselnde Perspektiven in der Fußgängerzone	☀	◔	10
Tour ❷ **Innenstadt** Shopping Royal in der Innenstadt	🌧	◑	14
Tour ❸ **Innenstadt** Kaffee und Literatur rund um den Odeonsplatz	☀	◔	18
Tour ❹ **Innenstadt** Valentin und Viktualienmarkt	☀	◔	22
Tour ❺ **Hackenviertel** Quirliges Altmünchner Quartier	☀	◔	26
Tour ❻ **Innenstadt** Münchner Schickeria und Musenkuss	🌙	◑	30
Tour ❼ **Innenstadt – Haidhausen** Bier und Salz im historischen München	🌙	●	34
Tour ❽ **Maxvorstadt** Von Verbrechern, Helden und Opfern	☀	◔	38
Tour ❾ **Maxvorstadt** Mekka für Kunstliebhaber: die Pinakotheken	🌙	●	42
Tour ❿ **Maxvorstadt** Studenten, Künstler, Literaten	🌧	●	46
Tour ⓫ **Schwabing** Münchner Lebensgefühl im Englischen Garten	☀	●	50
Tour ⓬ **Schwabing** Bohemeviertel und Partymeile	☀	●	54

Inhalt

STADTVIERTEL	WANN	DAUER	SEITE
Tour 13 Westschwabing Schöne Fassade des Lebens	🌧	◕	58
Tour 14 Georgenschwaige Grün über dem Tunnel	🌙	◕	62
Tour 15 Olympiapark Hightech, Sport und moderne Architektur	🌧	◕	66
Tour 16 Schleißheim Großmachtgelüste und der Traum vom Fliegen	🌧	◑	70
Tour 17 Au Isarrauschen – Prater- und Museumsinsel	☀	◕	74
Tour 18 Haidhausen Wohnen im Wandel der Zeit	☀	◕	78
Tour 19 Lehel Nobeladresse: München-Lehel	☀	◕	82
Tour 20 Bogenhausen Prachtstraße und Museumsmeile	🌧	◑	86
Tour 21 Bogenhausen Vom Pfarrdorf zum Nobelort	☀	◑	90
Tour 22 Gärtnerplatzviertel Kultmeile zum Shoppen und Ausgehen	🌙	◕	94
Tour 23 Au Die Au und ihr Stadtbach	☀	◕	98
Tour 24 Sendling Grüne Stadtoasen im Süden	☀	◕	102

STADTVIERTEL	WANN	DAUER	SEITE
Tour ㉕ Schlachthofviertel Buntes Flair im Quartier der Kreativen	☀	◔	106
Tour ㉖ Thalkirchen Isarflimmern: von der Floßlände zum Flaucher	☀	◔	110
Tour ㉗ Westend Altes und Neues im Westend	☀	◔	114
Tour ㉘ Neuhausen – Gern Brückenschlag – Von Neuhausen nach Gern	☀	◕	118
Tour ㉙ Nymphenburg Für kleine Prinzen und Pferdefreundinnen	☀	◔	122
Tour ㉚ Obermenzing An der Würm entlang zum Schloss Blutenburg	☀	◕	126

Infos von A–Z	150
Unterwegs	152
Karte München Innenstadt	Umschlag vorne
Karte München Übersicht	Umschlag hinten

TOP-ADRESSEN

Hotels	130
Restaurants	134
Shopping	140
Nightlife	146
Register	154
Impressum	158

DAS IST MEIN MÜNCHEN

Karin Baedeker

ist im Tourismus tätig und dabei viel auf Reisen. An München schätzt sie die besondere Mischung aus Urbanität und Ländlichkeit, Weltoffenheit und bayerischem Flair. Deswegen kommt sie immer wieder gern nach Hause.

Natürlich ist München meine Stadt, weil ich mich hier wohlfühle. Mir geht das Herz auf, sobald ich die runden Kieselsteine an der Isar unter meinen nackten Füßen spüre; ich bin inspiriert, wenn ich von einer der hochkarätigen Ausstellungen oder Theatervorstellungen komme, und ich genieße es, mit Freunden in meinem Lieblingslokal oder im Biergarten den Tag ausklingen zu lassen. Natürlich feiere ich auch gern auf dem autofreien Corso Leopold, dem Tollwood Festival oder auf einem der vielen anderen Feste der Stadt.

Was mir besonders an München gefällt: Man kann schnell in völlig unterschiedlich Welten eintauchen: Vom Open-Air-Kulturfestival im Viehhof ist es nur ein Steinwurf weit zum Gourmetfisch auf dem Teller; eben lässt man im Haus der Kunst noch zeitgenössische Installationen auf sich wirken, um dann gleich draußen Surfern zuzuschauen, die sich auf der stehenden Eisbachwelle tummeln. Und wenn man das Deutsche Museum besucht, dann ist es im Sommer sinnvoll, Badesachen mitzunehmen, denn fast vor der Tür kann man sich anschließend in der wilden Natur, an den Kiesstränden der Isar erholen – und das mitten in der Großstadt. München macht Lust – kommen Sie mit mir die Stadt erkunden!

MEINE LIEBLINGE

Hier schlägt das Herz der Autorin/des Autors höher

1 Auf dem Viktualienmarkt trinke ich gern einen frisch gepressten Fruchtsaft, besorge mir süßen Münchner Senf zum Weißwurstfrühstück zu Haus oder nehme auf dem Weg köstlich schmeckende, mediterrane Brotaufstriche mit. › S. 23

2 Wo der Kabelsteg über die Isar führt, ist man mitten in der Stadt, fühlt sich aber, als würde man an einem rauschenden Wildbach sitzen, an dem einem die Gischt erfrischend ins Gesicht spritzt. › S. 75

3 Im Haus der Kunst gibt es Videokunst im ehemaligen Luftschutzkeller zu sehen und auch spannende Ausstellungen von arrivierten jungen Künstlern aus Daressalam oder New York. Tolle Veranstaltungen und mehrmals wöchentlich öffentliche Führungen. › S. 86

4 Auf der Auer Dult kann man herrlich stöbern zwischen Ständen mit Geschirr und originellen Töpferwaren. Dazu locken Schmankerln wie Bratwürste, Schmalzgebäck und Steckerlfisch. › S. 98

5 Im Viehhof und an der Tumblingerstraße zeigt München, wie kreativ es ist. Graffiti- und Streetart-Künstler haben Hauswänden knallig bunte Bilder verpasst. Hier wird die Stadt zur Galerie – kostenlos für jeden anzuschauen. › S. 107

6 Ein Highlight im Marstallmuseum im Schloss Nymphenburg ist der schräge Fuhrpark des Märchenkönigs, die bedeutendste Kutschsammlung weltweit: goldene Prunkkarossen und schwanenverzierte Schlitten – ganz schön abgefahren! › S. 124

TOP-12-HIGHLIGHTS

Die wichtigsten Sehenswürdigkeiten auf einen Blick

1 Frauenkirche Die Dom- und Stadtpfarrkirche ist das Wahrzeichen der Stadt. › S. 11

2 Marienplatz Münchens Zentrum und einstiger Marktplatz hat seinen Namen von der Mariensäule in der Mitte. › S. 12

3 Residenz Eine der größten Palastanlagen Deutschlands. › S. 15

4 »Alter Peter« Vom 92 m hohen Turm der ältesten Stadtpfarrkirche hat man grandiose Ausblicke (ohne Aufzug). › S. 22

5 Viktualienmarkt Der bunte Markt zieht Einheimische und Touristen an. › S. 23

6 Jüdisches Zentrum Synagoge, Museum und Gemeindezentrum der Israelitischen Kultusgemeinde. › S. 28

7 Pinakotheken Mit ihren Sammlungen haben sie europäische Kunst- und Kulturgeschichte geschrieben. › S. 42

8 Englischer Garten Hier gibt man sich dem bayerischen Lebensgefühl hin. › S. 50

9 BMW Welt Das Erlebniszentrum zieht Technik-, Kultur- und Designfans an. › S. 66

10 Olympiapark Die kühne Zeltdacharchitektur ist ein Wahrzeichen Münchens. › S. 68

11 Deutsches Museum Eines der größten naturwissenschaftlichen Museen weltweit lädt zum Forschen ein. › S. 76

12 Schloss Nymphenburg Zu der barocken Anlage gehört auch der Schlosspark mit seinen Parkburgen. › S. 122

infopoint

museen & schlösser
in bayern

Informationen

bayerische Museen & Schlösser
München im *Alten Hof* lebendige
Geschichte Kaiser Ludwig der Bayer
multimediale *Dauerausstellung* Münchner
Kaiserburg gotisches Gewölbe
Affenturm mittelalterliche *Stadtmauer*

Alter Hof 1 • 80331 München • Mo-Sa 10-18 Uhr
www.infopoint-museen-bayern.de

 Innenstadt

Wechselnde Perspektiven in der Fußgängerzone

Stachus › Karlstor › St. Michael › Promenadeplatz › Neues Rathaus › Frauenkirche › Marienplatz

Start:	Ⓗ Karlsplatz (Ⓢ alle/Ⓤ 4, 5)
Ziel:	Ⓗ Marienplatz (Ⓢ alle/Ⓤ 3, 6)
Wann:	während der Ladenöffnungszeiten, bis Mittag starker Verkehr wegen Warenanlieferung
Distanz:	1,8 km

Ob oben, von den Türmen und den Terrassen der Cafés, oder tief unten, in der Gruft von König Ludwig II., so manches gibt es in der Fußgängerzone zwischen Karls- und Marienplatz noch zu entdecken. Ein kleiner Umweg führt über den eleganten Promenadeplatz.

Karlstor

Vom **Karlsplatz** zum **Stachus** ist es nicht weit, um auf eine beliebte Scherzfrage von Einheimischen an Touristen anzuspielen – man ist schon da. Seine zwei Namen verdankt der Platz dem Kurfürsten Karl Theodor und dem Wirt Eustachius Föderl, der am Karlstor sein Wirtshaus »Stachusgarten« betrieb. Da der Pfälzer Kurfürst äußerst unbeliebt war, hat sich bei den Münchnern der Name »Stachus« durchgesetzt. Durch das **Karlstor** 1 betritt man Münchens älteste Fußgängerzone aus der Zeit der Olympischen Spiele 1972 mit Kaufhäusern, Einkaufspassagen und Kulturdenkmälern. Vor Errichtung der Fußgängerzone galt der Stachus als verkehrsreichster Platz Europas, aus jenen Zeiten stammt das gebräuchliche bayerische Sprichwort: »Da geht's ja zu wie am Stachus!« Erste Station links ist der **Bürgersaal** 2, den man kurz vor der Ecke zur Kapellenstraße erreicht. Kaum jemand weiß, dass sich im ersten Stock unter der Empore einer der Glanzpunkte bayerischer Rokoko-Bildhauerkunst befindet: die **Schutzengelgruppe** von Ignaz Günther.

Ein paar Hausnummern weiter erhebt sich der mächtige Renaissancebau der Jesuitenklosterkirche von **St. Michael** 3. Der Name ist Programm, gibt doch das Portal zu erkennen, dass hier der Erzengel den Unglauben – und das war damals der »ketzerische« Protestantismus – in Gestalt des Satans zu Boden zwingt. Fernab der Hektik der Fußgängerzone umfängt einen in der **Fürstengruft** unter dem Chor Grabesstille; hier ruht in einem prunkvollen Sarkophag der Leichnam von König Ludwig II. Zurück ans Tageslicht, biegt man für einen kurzen Abstecher links in die Ettstraße ein und folgt ihr bis zum eleganten **Promenadeplatz**. Erstes Haus am Platz ist das Luxushotel **Bayerischer Hof** 4 (s. Hotels, S. 130), das sich seit seiner Gründung im 19. Jh. in Familienbesitz befindet und viel Prominenz aus Pop und Politik beherbergt. Durch die Hartmannstraße und Löwengrube stößt man direkt auf die **Frauenkirche** 5 ⭐. Die Türme mit ihren kuppelförmigen Hauben sind ein Wahrzeichen der Stadt. Man kann auf den Südturm hinauffahren und aus den Turmfenstern den Ausblick genießen (April–Okt. Mo–Sa).

St. Michael

Augustiner-Bier aus frisch angezapften Holzfässern serviert die Gastwirtschaft **Augustiner Klosterwirt** zu Füßen der Türme. Zurück in der Fußgängerzone entdeckt man bei genauerem Hinsehen im Pflaster vor dem **Kaufhaus Hirmer** den Grundriss eines Turmes. Im 12. Jh. stand hier ein Stadttor, der Mauerring ist noch im heutigen Straßenverlauf erkennbar. Zurück zum Dom, geht es rechts am Frauenplatz und am Kirchenschiff entlang. Umrundet man auf einen kurzen Abstecher noch den Chor und schlüpft durch die kleine Passage rechts in die Schäfflerstraße, kann man der Designerin **Isabella Hund** in ihrer Galerie für zeitgenössischen Schmuck einen Besuch abstatten (s. Shopping, S. 141). Wieder zurück, geht die Tour weiter in der Sporerstraße, in Nr. 2 speist man im Restaurant **Chang** vorzüglich asiatisch (s. Restaurants, S. 135). Am neogotischen **Neuen Rathaus** 6 klammert ein bronzener Lindwurm am Wurmeck zum Marienplatz hin und »bedroht mit seinem Pesthauch die Münchner«. Vom Balkon aus grüßt der FC Bayern bei Meisterfeiern seine Fans. Der **Marienplatz** ⭐, einst Getreidemarkt der Stadt, ist das Herz Münchens. Seinen Namen erhielt er zu Ehren der Schutzheiligen in der frommen Hoffnung, sie würde München vor einer Cholera-Epidemie im Jahr 1854 retten. Die Auffahrt auf den 85 m hohen **Rathausturm** mit Aussichtsplattform im Freien (tgl. 10–17 Uhr) lohnt sich: Der Blick von oben enthüllt, dass es in der Münchner Innenstadt keine Hochhäuser gibt – ein Zugeständnis an das Münchner Wahrzeichen, die Frauenkirche, die mit ihren 99 und 100 m hohen Türmen höchstes Bauwerk bleiben soll. Die beste Perspektive auf das **Glockenspiel** (tgl. 11, 12 und im Sommer auch um 17 Uhr) in Hörweite hat man vom **Café Glockenspiel** (Marienplatz 28, 5. Stock). Wer nicht so hoch hinaus will, dem bietet sich zur Mittagspause das kleine asiatische Restaurant **Sasou** 7 an (s. Restaurants, S. 138).

> **MAL PAUSE MACHEN**
> Auf der **Wiese hinter dem Neuen Rathaus** einfach mal ausruhen und die Beine ausstrecken. Dabei kann man in Ruhe Selfies verschicken – hier gibt es freies WLAN.

Touren im Anschluss: 2 und 4

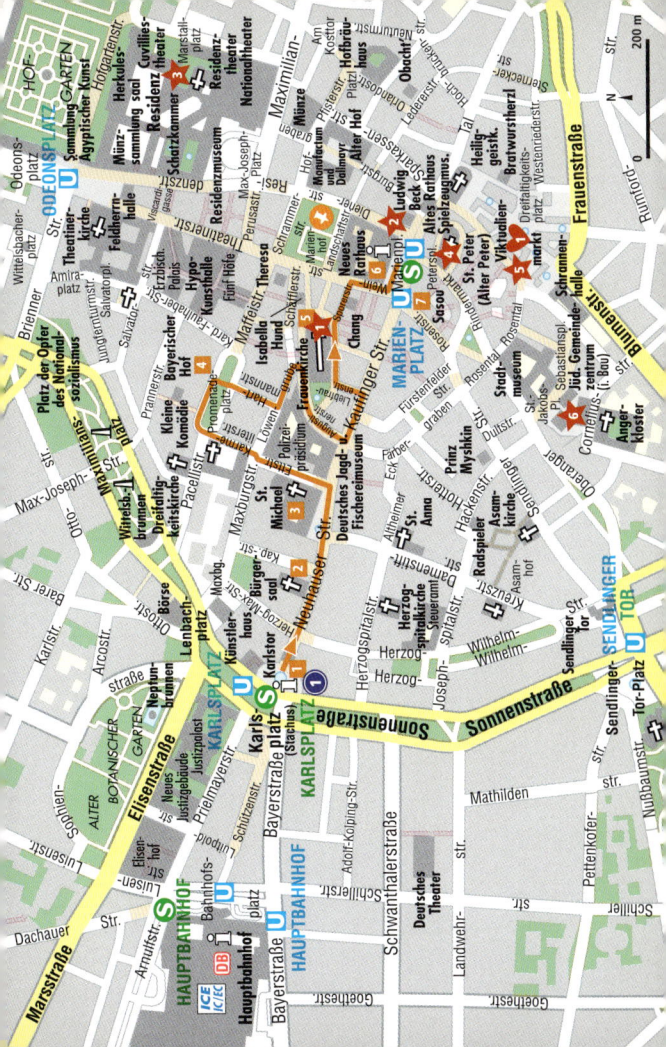

 Innenstadt

Shopping Royal in der Innenstadt

Weinstraße › Fünf Höfe › Kunsthalle der Hypo-Kulturstiftung › Theatinerstraße › Residenz › Dienerstraße › Marienplatz

Start:	Ⓗ Marienplatz (Ⓢ alle/Ⓤ 3, 6)
Ziel:	Ⓗ Marienplatz (Ⓢ alle/Ⓤ 3, 6)
Wann:	während der Ladenöffnungszeiten, auch bei Regen; bei Sonne ist es natürlich immer schöner
Distanz:	1,4 km

Eine Einkaufstour, die zum Kulturspaziergang wird: Es geht in die eleganten Einkaufspassagen des Schäfflerblocks und der Fünf Höfe mit ihren edlen Geschäften, Cafés, Bars und Restaurants. Der Weg führt zu den Höfen der benachbarten Residenz und zu einigen ihrer ehemals Königlich Bayerischen Hoflieferanten.

In den Fünf Höfen

Den **Schäfflerblock** ❶ erreicht man vom Marienplatz aus über die Wein- und Maffeistraße. Auf kleinem Raum versammelt sich, was Stil und Klasse hat, aber auch Trendiges kommt nicht zu kurz, wie zum Beispiel in der Designermodeboutique **Theresa** (Maffeistr. 3, s. Shopping, S. 145). Auf der gegenüberliegenden Seite der Maffeistraße geht es in die sinnenfrohe Einkaufswelt der **Fünf Höfe** ❷. Im Wechselspiel mit der Architektur von Herzog & de Meuron setzt die Kunst ihre Akzente. So gibt es zum Beispiel von Olafur Eliasson eine riesige Kugel aus Edelstahlbändern im **Viscardi Hof,** die hängenden Gärten von Tita Giese begrünen die **Salvatorpassage,** das tunnelartige Gewölbe der **Prannerpassage** ist mit Spiegelglaspailletten versehen. Rund 50 verschiedene Läden verführen zum Schauen und Kaufen. Das Angebot der schönen Dinge des Lebens reicht von Kleidung, Schmuck, Schuhen, Taschen und Kosmetika bis hin zu Literatur, Papier und Porzellan. Mode, Dolci, Blumen und Kaffee gibt es im **Emporio Armani Store,** No-name-Designprodukte im japanischen Lifestyle-Kaufhaus **Muji,** trendige Dessous bei **Mohrmann Basics**. Cafés, Bars und Restaurants verwöhnen mit Espresso, Cocktails und kulinarischen Köstlichkeiten – wie in **Schumann's Tagesbar** oder in der Cocktailbar **Barista**. Fein essen mit viel Zeit kann man im Gourmetrestaurant **Pageou,** fein essen mit wenig Zeit im thailändischen Schnellrestaurant **Kaimug**. Die benachbarte **Kunsthalle der Hypo-Kulturstiftung** 3 lädt zu einer Kunst-Pause vom Konsumrausch ein (www.hypo-kunsthalle.de; Mo halber Eintrittspreis). Ein automatisch bedienbarer Vorhang aus Lochblechen gestaltet die Fassade zur Theatinerstraße hin.

Gegenüber den Fünf Höfen führt eine kurze Passage durch das ehemals gräfliche **Preysing-Palais** 4 mit seiner eleganten Rokoko-Fassade und seinem stuckverzierten Treppenhaus (unbedingt einen Blick hineinwerfen!) hinüber in die Residenzstraße. Linker Hand geht es an der **Residenz** 5 3 entlang. Ihre Pforten werden von vier Bronzelöwen bewacht. Der im Laufe von vier Jahrhunderten gewachsenen Schlosskomplex mit mehreren **Innenhöfen** diente den Wittelsbacher Herrschern als Wohn- und Regierungssitz. Das stylische **Café Stereo** (Nr. 25, 1. Stock) bietet hausgerösteten Kaffee und beste Sicht auf die Residenzfassade. Über den Kö-

> **MAL PAUSE MACHEN**
> Wer den **Bronzelöwen vor den Eingängen zur Residenz** über die Nase streicht, hat das Glück auf seiner Seite. Ganz sicher geht, wer sich dabei in relaxter Pose fotografieren lässt.

nigsbauhof, den letzten der Hofeingänge an der langen Fassade, geht es in das **Residenzmuseum** mit seinen Prunkräumen und Sammlungen. Prächtige Raumschöpfungen der Renaissance und des Rokoko sind das **Antiquarium** und die **Reichen Zimmer**. In der **Schatzkammer** sind kostbare Werke ausgestellt, darunter die Kroninsignien der bayerischen Könige (www.residenz-muenchen.de).

Nach etwa 100 m weitet sich die Straße zur repräsentativen Platzanlage, im Norden und Osten eingerahmt von der Hauptfassade der Residenz und dem Opernhaus (s. Tour 6). Das **Denkmal** 6 auf dem **Max-Joseph-Platz** erinnert an den Wittelsbacher Max I. Joseph, den ersten König von Bayern. Wenn man der Residenzstraße geradeaus in die Dienerstraße folgt, verlockt linker Hand im denkmalgeschützten Lorenzistock des Alten Hofs, Münchens ehemaliger Kaiserresidenz im 14. Jh., das edle Warenhaus **Manufactum** zu einem Besuch (s. Shopping, S. 143). Ein Haus weiter sticht die gelb-weiß getünchte, klassizistische Fassade des Münchner Feinkosthauses **Dallmayr** 7 ins Auge, das mit seinen Delikatessen schon den bayerischen Königshof belieferte (s. Shopping, S. 141). Die letzte Station ist **Ludwig Beck** 8 am Marienplatz. Das »Kaufhaus der Sinne« kann seine Tradition bis ins 19. Jh. zurückverfolgen, als der Knopfmacher und Posamentiermeister Beck in die Dienste von König Ludwig II. berufen wurde (s. Shopping, S. 142).

Tour im Anschluss: 4

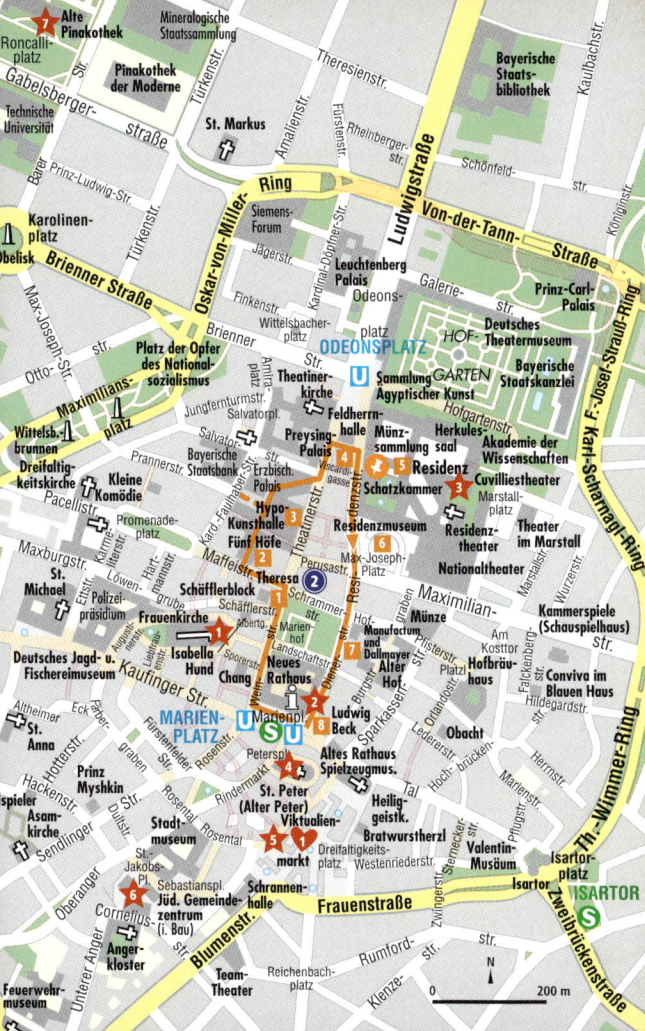

Innenstadt

Kaffee und Literatur rund um den Odeonsplatz

Odeonsplatz › Theatinerkirche › Salvatorplatz › Kardinal-Faulhaber-Straße › Luitpoldblock › Hofgarten

Start:	Ⓗ Odeonsplatz (Ⓤ 3, 4, 5, 6)
Ziel:	Ⓗ Odeonsplatz (Ⓤ 3, 4, 5, 6)
Wann:	bei schönem Wetter im Sommer; stimmungsvoll als Abendspaziergang
Distanz:	1 km

Auf den Spuren zweier legendärer Kaffeehäuser führt die Tour zum Café Tambosi am Hofgarten und zu einem kleinen Museum im Luitpoldblock. Weitere Stationen sind die Theatinerkirche, das Literaturhaus und ein ehemaliges Adelspalais, in dem der bayerische Expapst in seiner Zeit als Erzbischof lebte und arbeitete.

Theatinerkirche

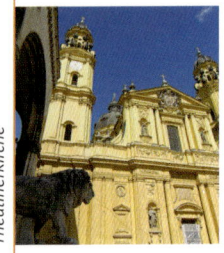

Südliches Flair umgibt den **Odeonsplatz,** sobald bei den ersten wärmenden Sonnenstrahlen im Frühjahr die Kellner Tische und Stühle ins Freie stellen. Die Basargebäude am Hofgarten, die Feldherrnhalle und die spätbarocke, sattgelbe **Theatinerkirche St. Kajetan** 1 geben eine prächtige Kulisse ab – bis 2018 wird es dauern, bis man die Fassade wieder ohne Gerüst sehen kann. Hier findet alljährlich das Klassik-Open-Air Anfang Juli statt (www.klassik-am-odeonsplatz.de).

Die spätgotische **Salvatorkirche** 2 wirkt mit ihrem unverputzten Backsteinmauerwerk wie die anmutige kleine Schwester der Frauenkirche. Die Salvatorkirche gehört heute der griechisch-orthodoxen Gemeinde. Linker Hand, am Anfang der Kardinal-Faulhaber-Straße, steht das **Erzbischöfliche Palais** 3, ein ehemaliges Wittelsbacher Adelspalais, das der berühmte Rokoko-Architekt François Cuvilliés erbaute. In seiner Zeit als Erzbischof hatte Expapst Benedikt, geborener Ratzinger, hier seinen Wohn- und Amtssitz.

Zurück am **Salvatorplatz**, fällt der elegante Bau des **Literaturhauses** 4 auf. Mit seinen Veranstaltungen, Institutionen und Ausstellungen rund ums Buch ist es ein Forum für alle Literaturfreunde (www.literaturhaus-muenchen.de). Hat man die knarrenden Treppenstufen zum dritten Stockwerk erklommen, erwartet einen ein Unikum: der **Thomas-Mann-Bär**. Das ausgestopfte Zottelier war ein Geschenk von Freunden an die Eltern Mann und machte brav alle Umzüge mit. Noch im Besitz der Familie stand der russische Braunbär zuletzt im Foyer der Villa in der Poschingerstraße (s. Tour 21). Thomas Mann hat dem Bären in seinem Roman »Buddenbrooks« ein Denkmal gesetzt.

Im Literaturhaus

Auf ein Glas Wein nach der abendlichen Lesung, aber auch zu Kaffee, Kuchen und kulinarischen Köstlichkeiten kann man in der Brasserie **OskarMaria** im Haus einkehren. Auch hier ist für Lesestoff gesorgt. Nach dem Motto: »Der Mensch ist, was er isst – und liest« prägen Zitate von **Oskar Maria Graf** Tassen, Teller, Bierdeckel und die Granittische auf der Sonnenterrasse sowie die elektronische **Schriftsäule**, entworfen von der New Yorker Künstlerin Jenny Holzer. Wenige Hundert Meter entfernt liegt der **Luitpoldblock** mit seinen exklusiven Einkaufspassagen am

Café Tambosi

Amiraplatz. Die winzige **Sammlung Café Luitpold** 5 entführt mit Fotografien, Bildern, Menükarten und Musik in die gute alte Zeit des Palastcafés vom Ende des 19. Jhs., als noch Prinzregent Luitpold regierte (www.luitpoldblock.de; tgl. 10–19, Führung Di um 11 Uhr; Eintritt frei).

Zum Abschluss der Tour lockt der Hofgarten mit dem **Café Tambosi** 6 – sehen und gesehen werden, lautet die Devise auf der Terrasse zur Ludwigstraße, Ruhe und mediterranes Flair herrschen im Cafégarten zur Hofgartenseite. Schon im Jahre 1775 stand an dieser Stelle eine Kaffeeschänke: Bei Giovanni Pietro Sardi machte die Schickeria von damals zum ersten Mal Bekanntschaft mit dem schwarzen Getränk. Auch Wolfgang Amadeus Mozart soll dort eingekehrt sein.

Eine grüne Stadtoase ist der nach italienischem Vorbild im Renaissancestil angelegte **Hofgarten** 7 mit Brunnen, Blumenrabatten und dem Rundtempel in der Mitte, von dessen acht Bögen die Wege ausgehen, die die Struktur des Hofgartens bestimmen. Die Parkbänke laden zum Entspannen ein, und mit etwas Glück bekommt man ein Open-Air-Konzert in dem runden Pavillon oder unter den Arkaden zu hören, schaut den Boulespielern zu oder atmet im Juni den betörenden Duft der Linden.

> **MAL PAUSE MACHEN**
> Wegen der tollen Kulisse und dem quirligen Treiben am Platz ist die Ecke am Hofgartentor bei Straßenmusikern beliebt. Einen Kaffee im **Café Tambosi** trinken, lauschen und genießen!

Tour im Anschluss: 8 (ab Odeonsplatz)

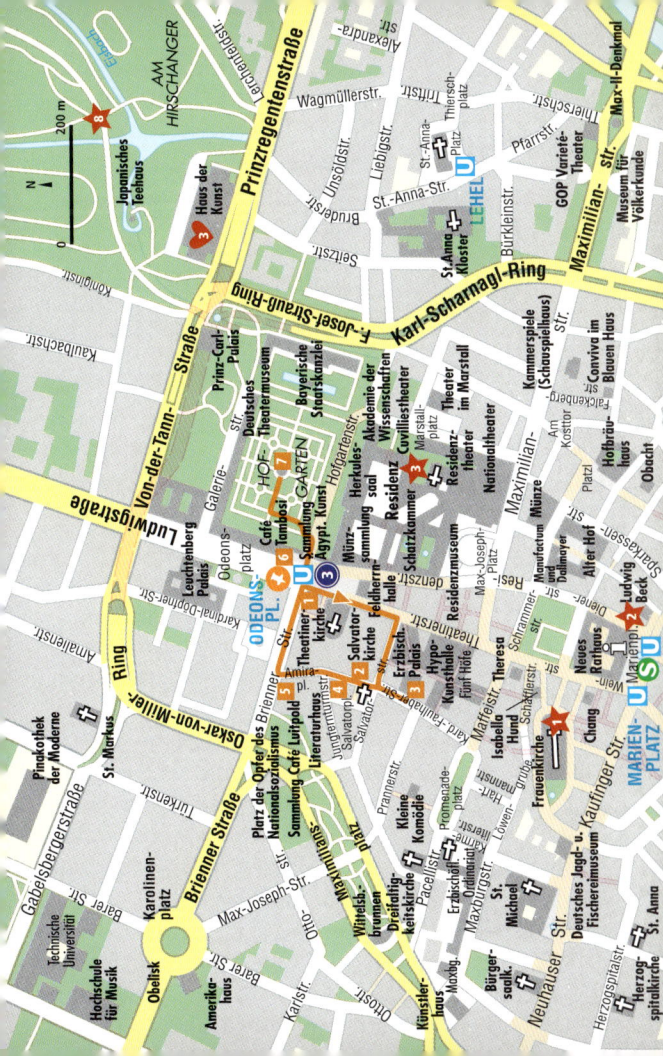

 Innenstadt

Valentin und Viktualienmarkt

Marienplatz › St. Peter › Heiliggeistkirche › Viktualienmarkt › Schrannenhalle › Dreifaltigkeitsplatz › Westenrieder Straße › Isartor › Valentin-Karlstadt-Musäum

Start: Ⓗ Marienplatz (Ⓢ alle/Ⓤ 3, 6)
Ziel: Ⓗ Isartor (Ⓢ alle)
Wann: am besten mittags an Werktagen, samstags ist es sehr voll
Distanz: 1 km

Auf dem Viktualienmarkt, wo die Marktkaufleute jedem Wetter trotzen, ist München noch am münchnerischsten. Dort begegnet man dem Komiker und Volksschauspieler Karl Valentin mit seiner Bühnenpartnerin Liesl Karlstadt. Die beiden trifft man wieder im skurrilen Valentin-Karlstadt-Musäum im Südturm des Isartors.

Peterskirche

Vom Marienplatz kann man sie schon an ihrem ungewöhnlich breiten Turm mit den Uhren ausmachen – Münchens älteste Stadtpfarrkirche **St. Peter** 1 ⭐, die sich auf dem **Petersbergl** über den Markt erhebt und von den Münchnern liebevoll »Alter Peter« genannt wird. Über 300 Stufen führen zu der Aussichtsplattform, von der man an klaren Tagen sogar die Alpen erblickt (Mo–Sa ab 9, So/Fei ab 10 Uhr, je nach Witterung und Jahreszeit bis 18 oder 18.30 Uhr). Gegenüber steht unterhalb der kleinen Anhöhe die von den Brüdern Asam barockisierte **Heilig-**

geistkirche 2, vor deren Mauern sich schon zu Anfang des 19. Jhs. ein »Kräutlmarkt« niederließ, aus dem sich der **Viktualienmarkt** 3 ⭐ ❤ zu dem entwickelte, was er heute ist: Münchens Paradies für Schlemmer. Ob exotische Delikatessen, Münchner Brotwaren, bayerische Schmankerln, Eingelegtes in Öl und Essig, französische Weine, Fisch oder saisonfrisches Obst und Gemüse, das Angebot der Marktleute und der verschiedenen Stände macht Appetit und lässt die Augen mitessen. Bei schönem Wetter kann man sich mit seinem Erworbenen auch im Biergarten am Maibaum niederlassen. Brunnendenkmäler auf dem Markt erinnern an beliebte Altmünchner Volkssänger(innen). Deren Darbietungen

füllten einst die großen Säle und Wirtshäuser der Stadt. Das **Brunnendenkmal für Karl Valentin** steht am westlichen Ende des Marktes gegenüber der Schrannenhalle und stellt den Wortakrobaten als dünne Gestalt mit übergroßen sensiblen Händen dar. Bodenständig und energisch wirkt dagegen seine Bühnenpartnerin: Das **Brunnendenkmal für Liesl Karlstadt** steht neben dem Maibaum.

In enger Nachbarschaft zum Viktualienmarkt erstreckt sich die wieder aufgebaute, denkmalgeschützte **Schrannenhalle** 4, die zu kulinarischen Entdeckungsreisen in stylischer Marktatmosphäre einlädt (Eataly, s. Restaurants, S. 136).

Schräg gegenüber in der Prälat-Zistl-Straße kommt man an der »Schmalznudel«, wie

> Mittagspause einmal anders: Zum Lunch Flow geht es ins **Yogastudio Airyoga**.
> • Blumenstraße 6, Schrannenhalle, 1. Etage
> Tel. 23225930
> www.airyoga.de

das **Café Frischhut** 5 (Nr. 8, Mo–Sa 8–18 Uhr) unter den Münchnern heißt, vorbei. Ab 8 Uhr gibt es Frühstück – mit heißem Fettgebackenen aus Hefeteig, die Krapfen, Schmalznudeln, Rohrnudeln, Stritzerl und »Ausgezogenen« sind die leckersten und fettesten der ganzen Stadt.

Die nächste Station ist der **Dreifaltigkeitsplatz,** den man nach Überqueren des Viktualienmarktes auf Höhe des Fischgeschäfts Nordsee erreicht, ein kleiner, versteckter Winkel am Markt, der von Fassaden mit Lüftlmalerei und Hausmadonna eingerahmt wird. Drei Gastwirtschaften, darunter eine Münchner Institution, das **Bratwurstherzl** 6, laden zu Tisch – bei schönem Wetter im Freien (s. Restaurants, S. 134).

Isartor

Durch die Westenrieder Straße geht es in wenigen Minuten zum **Isartor,** das mit seinen beiden Vortürmen, dem Wehrtor und dem hohen Hauptturm als einziges Münchner Tor noch der mittelalterlichen Anlage entspricht. Hier ist auch das **Valentin-Karlstadt-Musäum** 7 zu Hause, das das Andenken an die beiden Künstler und Komiker wach hält. Eine steile Wendeltreppe führt zu der Sammlung mit Fotos, Dokumenten und skurrilen Objekten, wie dem pelzverbrämten Winterzahnstocher oder dem Nagel, an den Karl Valentin seinen Schreinerberuf hängte, um Volkssänger zu werden. In dem Volkssängerlokal **Turmstüberl** des Museums verwöhnt die Wirtin ihre Gäste mit Getränken, bayerischen Schmankerln und selbstgemachten Kuchen (www.valentin-musaeum.de; Isartorturm, erster Freitag im Monat 11.01–21.59 Uhr, Mi geschl.).

Tour im Anschluss: 7 (ab Isartor)

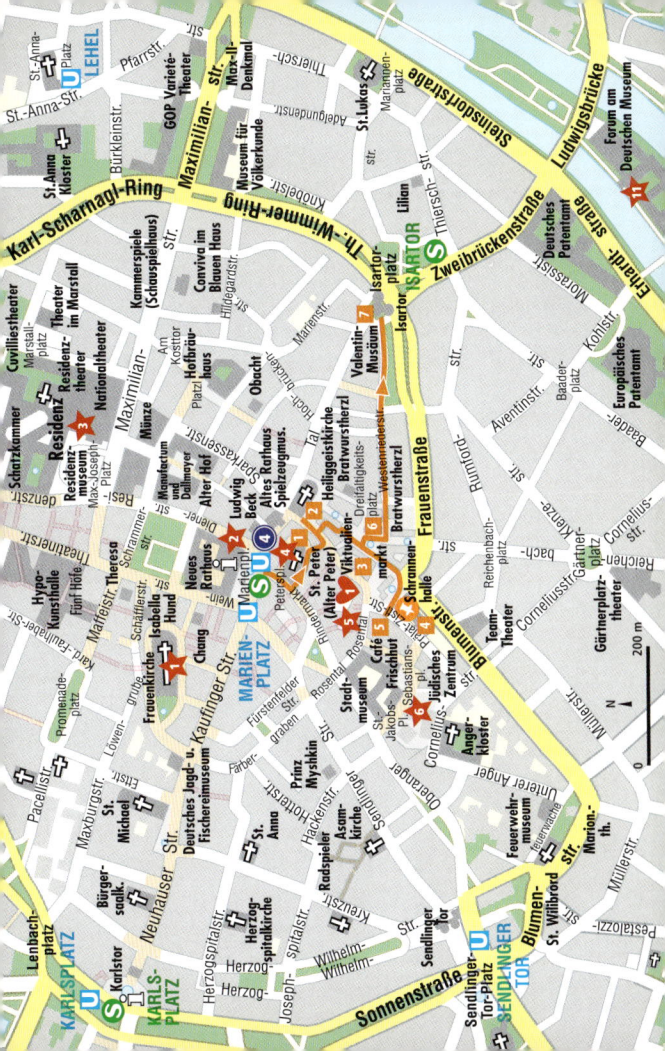

 Hackenviertel

Quirliges Altmünchner Quartier

Sendlinger Tor › **Asampassage** › **Hackenstraße** › **Hofstatt** › **Stadtmuseum** › **Jüdisches Zentrum** › **Sebastiansplatz**

Start:	Ⓗ **Sendlinger Tor** (Ⓤ 1, 2, 3, 6, 7)
Ziel:	Ⓗ **Marienplatz** (Ⓢ alle/Ⓤ 3, 6)
Wann:	während der Ladenöffnungszeiten; bis Mittag starker Verkehr wegen Warenanlieferung
Distanz:	1,3 km

Auf dem Weg durch eines der ältesten Viertel der Innenstadt trifft man auf Läden, die sich zum Teil schon seit Generationen in Familienbesitz befinden, auf Gasthäuser und stillere Oasen in Innenhöfen. Mitten im pulsierenden Stadtleben hat das Jüdische Gemeindezentrum mit der Hauptsynagoge und dem Städtischen Jüdischen Museum auf dem Jakobsplatz seine Heimat gefunden.

Asamkirche

Durch das **Sendlinger Tor** **1**, das zur mittelalterlichen Stadtbefestigung gehörte, geht es in die **Sendlinger Straße,** eine lebendige Einkaufsstraße mit Mode-, Schmuck- und Schuhläden sowie Fundgruben für Wohnaccessoires. Auf der linken Seite tritt mit ihrem von Säulen flankierten Portal und ihrer barock geschwungenen Fassade die **Asamkirche (St. Johann Nepomuk)** **2** aus der Häuserzeile heraus. Innen umfängt die Besucher üppigstes Rokoko auf kleinstem Raum. Eingerahmt wird die Kirche vom Priester- und Künstlerwohnhaus von Egid

Quirin Asam. Bei der Planung achtete der berühmte bayerische Barockkünstler darauf, dass er von seiner Wohnung aus durch ein Fenster auf den Hochaltar blicken konnte. Erst auf Proteste der Bevölkerung hin wurde die Kirche, ursprünglich als private Hauskirche geplant, der Öffentlichkeit zugänglich gemacht.

> In der **Asamkirche** lässt man sich aus der Zeit fallen und schwelgt im bayerischen Spätbarock. Lassen Sie Stuckarbeiten, Skulpturen, Malerei und Lichtführung in Ruhe auf sich wirken!

Rechts von der Kirche geht es zur **Asampassage** 3, einer idyllischen Hof-Oase mit Wohnungen, Läden, Cafés und Restaurants. Hält man sich bei den ersten Cafés halb rechts, so gelangt man über einen weiteren Hof nach rechts zum Altheimer Eck und in die **Hackenstraße.** In dem gelben klassizistischen Palais Rechberg rechter Hand, in dem Heinrich Heine wohnte, residiert das alteingesessene Münchner Geschäft **Radspieler** 4, erste Adresse für Kunsthandwerk und Stoffe (s. Shopping, S. 144). Auf der gegenüberliegenden Seite schließt sich eine Reihe Altmünchner Bürgerhäuser an, einst war das Hackenviertel Quartier Handel treibender Bürger. Vorzüglich vegetarisch speisen lässt es sich linker Hand in der hohen lichten Säulenhalle des **Prinz Myshkin** (s. Restaurants, S. 137). Bodenständig bayerisch geht es im benachbarten **Alten Hackerbräuhaus** zu, dessen klassizistischer Bau der Stammsitz der Brauerfamilie Hacker-Pschorr ist.

Das Herz von Münchens jüngster Fußgängerzone ist die **Hofstatt** 5. Sie vereint Wohnungen, Läden und Gastronomie unter einem Dach. Lebendiger Anziehungspunkt ist die stylische Einkaufspassage, die um zwei Lichthöfe herum gestaltet ist. Nach der Überquerung der Sendlinger Straße folgt man der Dultstraße über den Oberanger hinüber zum **St.-Jakobs-Platz.** Unversehens steht man auf einem kompakt bebauten Platz, der mehrere Jahrhunderte Münchner Stadtgeschichte dokumentiert. In dem mittelalterlichen Zeughaus und dem benachbarten (rekonstruierten) Marstall linker Hand ist das **Münchner Stadtmuseum** 6 untergebracht, das mit seinen Sammlungen die Geschichte Münchens von seiner Gründung an, über die Entwicklung zur Residenzstadt, der Zeit des Nationalsozialismus' bis zur Gegenwart dokumentiert (Di–So 10–18 Uhr; mit Kino im Filmmuseum, einem originellen Laden mit Münchner Souvenirs sowie einem Café und kleinem Garten im Innenhof).

Münchner Stadtmuseum

Gegenüber befindet sich das **Jüdische Zentrum** 6: In der Mitte des Platzes steht der mächtige moderne Kubus der **Hauptsynagoge** 7 mit seinem transparenten Aufbau aus Glas und Stahl. Die Plattenverkleidung spielt auf die Farben des Jerusalem-Steins an. Im Inneren ist der Raum lichtdurchflutet. Daneben schließen sich das **Münchner Jüdische Museum,** das auf rund 900 m² die jüdische Geschichte und Kultur der Stadt dokumentiert (Di–So 10–18 Uhr), und das **Jüdische Gemeindezentrum** mit einem Buchladen und Café im Foyer an.

Altmünchner Hausfassaden mit ihren typischen Halbgiebeln flankieren den kleinen benachbarten **Sebastiansplatz** 8, der im Sommer mit seinen hübschen Café-Restaurants – man hat die Wahl zwischen französischer, italienischer und thailändischer Küche – zu einer Pause unter Sonnenschirmen einlädt. Ein besonderer Tipp ist das **Yum 2 take** – das Lokal wartet mit köstlicher thailändischer Küche auf.

Touren im Anschluss: 2 und 4

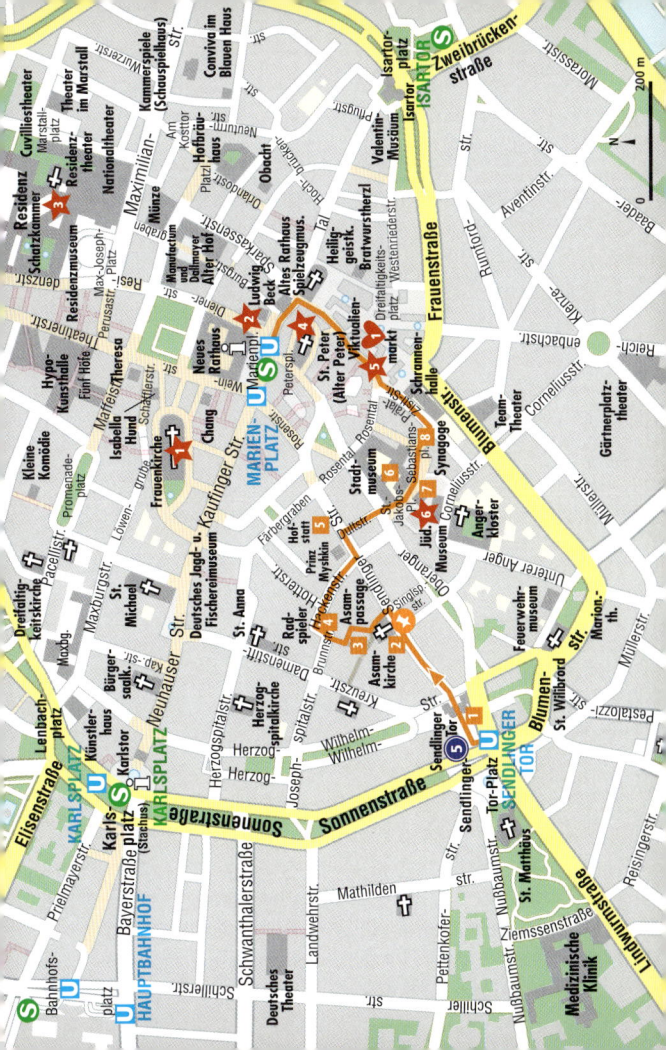

 Innenstadt

Münchner Schickeria und Musenkuss

Bayerisches Nationaltheater › Neues Residenztheater › Maximilianhöfe › Marstallplatz › Allerheiligen-Hofkirche › Cuvilliéstheater › Kammerspiele › Maximilianstraße

Start:	Ⓗ Max-Joseph-Platz (Tram 19) oder
	Ⓗ Marienplatz (Ⓢ alle/Ⓤ 3, 6)
Ziel:	Ⓗ Max-II-Denkmal (Tram 19)
Wann:	besonders stimmungsvoll gegen Abend
Distanz:	1,5 km

Die Maximilianstraße gilt als das Mekka der Münchner Schickeria: ein Laden teurer und schicker als der andere. Doch in der Nobelmeile und rund um den Max-Joseph-Platz präsentiert sich München auch als glanzvolle Opern- und Theaterstadt.

Bayer. Nationaltheater

Das geflügelte Pferd Pegasus und Apollo im Kreis der neun Musen prangen auf den Giebelfeldern des **Bayerischen Nationaltheaters** 1. Die Säulen des größten deutschen Opernhauses, das auf eine 350-jährige Geschichte zurückblicken kann, sind Mozart, Verdi, Strauss und Wagner. Dirigenten von Weltrang, darunter Kent Nagano, standen am Pult des renommierten Staatsorchesters, das heute von Kirill Petrenko geleitet wird (www.staatsoper.de). Opernluft schnuppern und hinter die Kulissen schauen kann man bei den Führungen durch das Nationaltheater – beliebt auch bei Kindern und Jugendlichen. Links grenzt die Glasfassade des

Neuen Residenztheaters 2 an, das unter der Intendanz von Martin Kušej Sprechtheater auf höchstem Niveau pflegt (www.residenztheater.de). Einen Musiktheater-Abend kann man stilvoll im Restaurant **Spatenhaus** gegenüber der Oper beginnen oder ausklingen lassen (s. Restaurants, S. 139).

Linker Hand betritt man von der Maximilianstraße aus die **Maximilianhöfe 3**, einen modernen Gebäudekomplex aus Glas und Stahl mit exklusiven Modegeschäften und dem feinen Restaurant **Brenner Grill.** Dort trinkt und speist man mediterrane Spezialitäten zwischen den Säulen der einstigen Hofreitschule. Dahinter erstreckt sich die weite Piazza des **Marstallplatzes,** der sich im gläsernen neuen Probenhaus der Oper widerspiegelt.

Überquert man den Platz zur gegenüberliegenden Residenz, erblickt man auf der linken Seite die etwas versteckt liegende schöne neobyzantinische Fassade der **Allerheiligen-Hofkirche 4**, die König Ludwig I. ab 1826 errichten ließ. Im Zweiten Weltkrieg weitgehend zerstört, wurde die Kirche erst 2003 der Öffentlichkeit wieder zugänglich gemacht. Heute finden in ihrem unverschnörkelten Innenraum Konzertveranstaltungen statt. Rechts neben dem Eingang gelangt man durch ein schmales Tor in den kleinen **Kabinettsgarten.** Was man von außen nicht ahnen kann: Der Bau, der sich rechts an den Kabinettsgarten anschließt, birgt in seinem Inneren ein Juwel der höfischen Theaterbaukunst des Roko-

> Relaxen im **Kabinettsgarten,** einem modernen Lustgarten mit flachen Wasserflächen, Duftrosen, Natursteinbänken und einer Platanenlaube. Genießen Sie die Ruhe und Abgeschiedenheit.

kos, das **Cuvilliéstheater** 5. In dem von Cuvilliés im 18. Jh. erbauten alten Residenztheater feierte Mozarts Oper »Idomeneo« 1781 ihre Uraufführung, und Mozart selbst wäre damals gerne in München Hofkapellmeister geworden.

Aus den Medien kennt man die **Maximilianstraße**, Einkaufsmeile der Schönen und Reichen, spätestens seit der skandalträchtigen Ermordung Rudolf Moshammers. Eine Sonnenbrille von Gucci, ein Handtäschchen von Dior? In der Maximilianstraße wird man auf jeden Fall fündig.

Stadtauswärts geht es auf der Nobelmeile zu den **Kammerspielen im Schauspielhaus** 6. Schon der Blick in das Foyer zeigt, dass es sich um ein wunderschönes Jugendstiltheater handelt (www.muenchner-kammerspiele.de). Aber entgegen dem ersten Anschein ist das Konzept dieses städtischen Theaters nicht traditionell ausgerichtet, sondern experimentierfreudig progressiv. Intendant Matthias Lilienthal bezieht auch freie Theatergruppen und -kollektive mit ins Programm ein. Hinter den Kammerspielen, in der Hildegardstraße, kann man im **Conviva im Blauen Haus** 7 Gaumenfreuden genießen (s. Restaurants, S. 135).

Nach Überqueren des Altstadtrings erreicht man die Tram am **Max-II-Denkmal.** Dass Schauspielkunst nicht nur auf großen Bühnen stattfindet, beweist die kleine, aber renommierte Bühne des **GOP Varieté-Theaters** 8, das in gewisser Weise die Tradition der nicht mehr existierenden Kleinen Komödie fortsetzt (www.variete.de).

Touren im Anschluss: 18 und 19

Im GOP Varieté-Theater am Max II

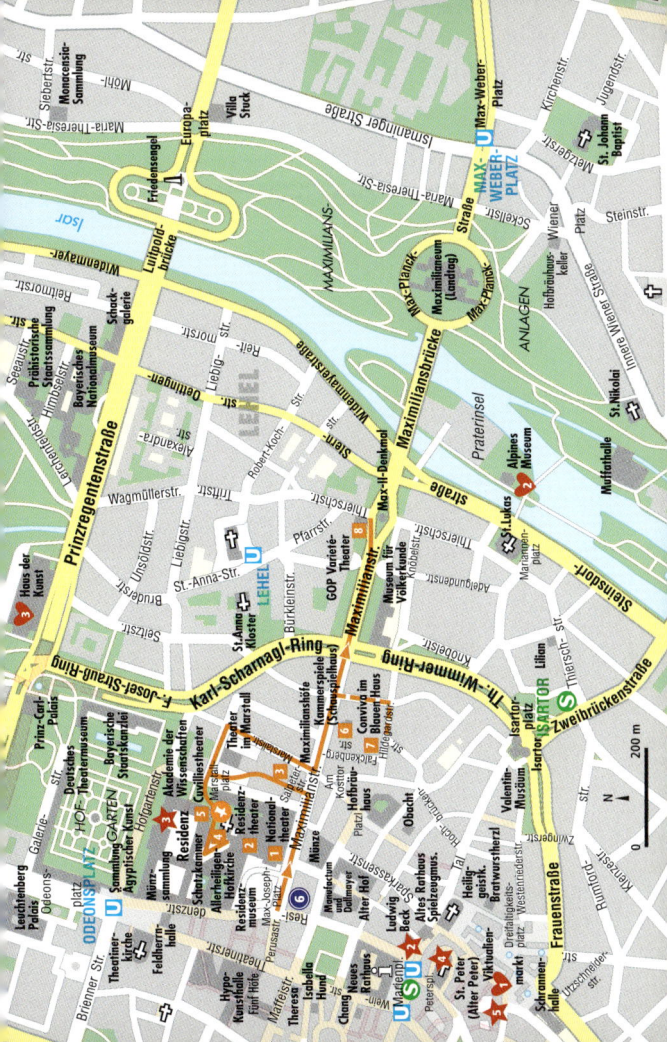

Tour 7   Innenstadt – Haidhausen

Bier und Salz im historischen München

Hofbräuhaus am Platzl › Im Tal › Bier- und Oktoberfestmuseum › Isartor › Wiener Platz › Hofbräukeller › Einsteinstraße

Start:	Ⓗ Marienplatz (Ⓢ alle/Ⓤ 3, 6)
Ziel:	Ⓗ Isartor (Ⓢ alle) oder
	Ⓗ Max-Weber-Platz (Ⓤ 4, 5)
Wann:	mittags oder abends bei Biergartenwetter
Distanz:	2,3 km

Auf den historischen Pfaden der Salzstraße dem Bier auf der Spur, führt der Spaziergang vom Hofbräuhaus in der Innenstadt zum ehemaligen Bierkeller Jazzclub Unterfahrt in Haidhausen.

> **MAL PAUSE MACHEN** ⭐
> Der von Arkaden eingefasste **Biergarten vom Hofbräuhaus** bietet bis zu 400 Gästen Platz. Lassen Sie das bunte Treiben auf sich wirken und sich die Brotzeit schmecken!

Gebraut wird in Bayern bis heute nach dem historischen Reinheitsgebot von 1516, das der Wittelsbacher Hof erließ, um den Pantschern das Handwerk zu legen. Oberste Brauherren waren die Herrschenden, insofern sei das **Hofbräuhaus** 1 am **Platzl** an erster Stelle erwähnt. Viele Wege führen dorthin, trotzdem wird so mancher Passant gefragt: »Where is the Hofbrew-House?« Seit 1589 steht das Hofbräuhaus im Herzen der Altstadt und zieht Bierfans aller Nationen magisch an. Der schönste Weg führt durch ein Stück altes München, durch die Burgstraße und den Alten Hof rechts in die Pfisterstraße, die auf das Platzl mündet (www.hofbraeuhaus.de). Für den kulinarischen Genuss am Platz sorgt Gourmetkoch **Alfons Schuhbeck**. Zu seinem Küchenimperium gehören u. a. die **Südtiroler**

Stuben, der **Gewürzladen** am Platzl, die Kochschule in den gegenüberliegenden **Platzlgassen** 2, einer Altmünchner Innenhofpassage mit Laubengängen, und der **Eissalon** in der benachbarten Pfisterstraße 9–11. Die quirlige **Ledererstraße** ist gut für Entdeckungen: Heimatgefühl bei **Obacht'** (s. Shopping, S. 143), avantgardistische Charivaris von Schmuckdesigner **Patrick Muff** (Nr. 20), Italienflair in der **Bar Centrale** (Nr. 23), Genuss pur in der **Cortiina Bar & Restaurant** (Nr. 8).

In der Hochbrückenstraße wacht links das **Polizeirevier** 3, vielen bekannt aus der Vorabend-Krimiserie »München 7« mit dem »Sheriff vom Marienplatz« Xaver Bertl und Felix Kandler. Der Dürnbräugasse folgt man ins **Tal,** durch das ab dem 11. Jh. die Salzstraße führte, auf der das »weiße Gold« transportiert wurde. Die Siedlung »Munichen« nahm mit dem Salzhandel einen raschen Aufschwung und wurde zu einer der bedeutendsten Handelsstädte entlang der Salzstraße. Im Gefolge der Händler siedelten sich seit dem Mittelalter viele Brauereien im Tal an. Von dieser Tradition zeugt noch das **Weiße Bräuhaus** 4, eine zünftige größere Urmünchner Gaststätte mit traditionellen bayerischen Spezialitäten auf der Speisekarte – zurück Richtung Marienplatz auf der rechten Seite gelegen (www.weisses-brauhaus.de).

Ein Gamsbock vor blauem Grund weist im Tal 20/Ecke Radlsteg zu **Servus Heimat,** der Adresse für Souvenirs und Accessoires, die eine Spur witziger, humorvoller, moderner und eigenwilliger sind als üblich (www.servusheimat.com). Wer sich für Kurioses, Historisches und Kitschiges rund um das größte Volksfest der Welt interessiert, steuert das **Bier- und Oktoberfestmuseum** 5 in der kleinen unschein-

Servus Heimat

Tour 7 **Innenstadt – Haidhausen**

baren Sterneckerstraße gegenüber an. Das Besondere an dem Museum ist das Haus selbst, vermutlich das älteste Bürgerhaus Münchens. Es wurde nach einem verheerenden Stadtbrand im Jahre 1327 errichtet, viele Elemente sind aus jenen Tagen erhalten, darunter die durch alle Stockwerke reichende »Himmelsleiter«. Die Ausstellungen thematisieren die Geschichte und Kunst des Bierbrauens. Das angeschlossene Museumsstüberl lädt zu Kostproben ein (So/Mo geschl., www.bier-und-oktoberfestmuseum.de).

Am **Isartor** mussten einst die Salzhändler ihre Zölle entrichten, denn hier mündete die von der Isar herkommende Salzstraße in die Stadt. Vom Isartor aus kann man den Weg bis zum **Wiener Platz** in Haidhausen entweder mit der Tram (Linie 16; ca. 5 Minuten) zurücklegen oder zu Fuß in etwa 30 Minuten gehen.

Hofbräukeller

Der **Hofbräukeller** 6 (s. Tour 20) in der Inneren Wiener Straße 19 ist ein stolzes Überbleibsel der einstigen Bierkeller, die von den Brauereien in den Steilhang des Isarhochufers gebaut wurden. Sie dienten ebenso wie die darüber gepflanzten schattigen Kastanien der Kühlung des Biers. Was lag näher, als das Getränk auch an Ort und Stelle zu konsumieren? Von der Brotzeit bis zum Tischtuch brachten die Münchner alles von zu Hause mit – der Biergarten war geboren. Durch die Innere Wiener Straße und die Einsteinstraße – beide Straßen folgen dem Verlauf der alten Salzstraße – geht es zu Münchens bekanntem **Jazzclub Unterfahrt** 7, der in einem ehemaligen Bierkeller zu Hause ist (Einsteinstr. 42, s. Nightlife, S. 147).

Tour im Anschluss: 18

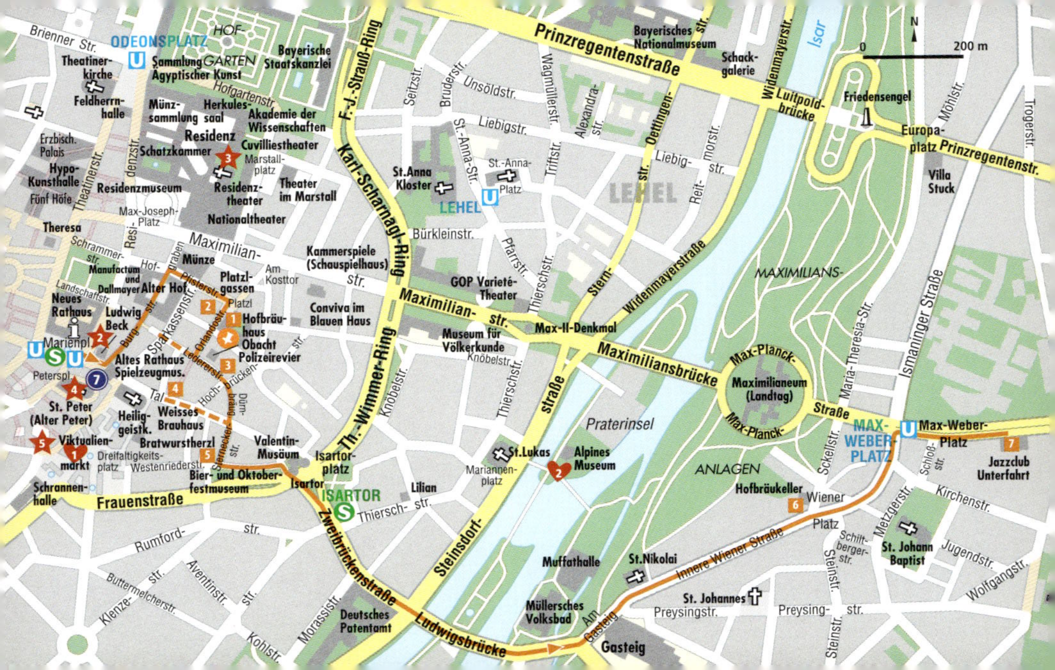
Brienner Str.
ODEONSPLATZ
Sammlung Ägyptischer Kunst
HOF-GARTEN
Bayerische Staatskanzlei
F.-J.-Strauß-Ring
Prinzregentenstraße
Bayerisches Nationalmuseum
Schack-galerie
Widenmayerstr.
Isar
0
200 m
N
Theatiner-kirche
Feldherrn-halle
Münz-sammlung
Herkules-saal
Hofgartenstr.
Akademie der Wissenschaften
Residenz
Cuvilliestheater
Schatzkammer
Marstall-platz
Erzbisch. Palais
Hypo-Kunsthalle
Fünf Höfe
Residenzmuseum
Residenz-theater
Theater im Marstall
Theatinerstr.
Max-Joseph-Platz
Nationaltheater
Theresa
Schrammer-str.
Maximilian-str.
Münze
Manufactum und Dallmayer
Alter Hof
Landschaftstr.
Neues Rathaus
Ludwig Beck
Marienpl.
Pfisterstr.
Platzl-gassen
Platzl
Am Kosttor
Hofbräu-haus
Obacht Polizeirevier
Sparkassenstr.
Orlandostr.
Ledererstr.
Burgstr.
Altes Rathaus Spielzeugmus.
Peterspl.
St. Peter (Alter Peter)
Tal
Hoch-brücken-str.
Dürn-bräug
Heilig-geistk.
Weisses Brauhaus
Viktualien-markt
Dreifaltigkeits-platz
Bratwurstherzl
Westenriederstr.
Sterneckerstr.
Valentin-Musäum
Bier- und Oktober-festmuseum
Schrannen-halle
Frauenstraße
Isartor
Isartor-platz
ISARTOR
Kammerspiele (Schauspielhaus)
Conviva im Blauen Haus
Karl-Scharnagl-Ring
Th.-Wimmer-Ring
Seitzstr.
Bruderstr.
Unsöldstr.
Wagmüllerstr.
Alexandra-str.
Oettingen-str.
Liebigstr.
St.-Anna-Str.
St.Anna Kloster
St.-Anna-Platz
LEHEL
Triftstr.
Liebig-str.
Reit-morstr.
Bürkleinstr.
Pfarrstr.
Thierschstr.
Stern-str.
Widenmayerstraße
GOP Varieté-Theater
Maximilian-str.
Max-II-Denkmal
Museum für Völkerkunde
Knöbelstr.
Maximiliansbrücke
Max-Planck-Straße
Maximilianeum (Landtag)
MAXIMILIANS-ANLAGEN
Maria-Theresia-Str.
Ismaninger Straße
Luitpold-brücke
Friedensengel
Europa-platz
Prinzregentenstr.
Möhlstr.
Trogerstr.
Villa Stuck
Praterinsel
St.Lukas
Mariannen-platz
Alpines Museum
Lilian
Thiersch-str.
Steinsdorf-straße
Zweibrückenstraße
Rumford-str.
Aventinstr.
Buttermelcherstr.
Klenze-str.
Kohlstr.
Morassistr.
Deutsches Patentamt
Ludwigsbrücke
Muffathalle
Müllersches Volksbad
Am Gasteig
Gasteig
St.Nikolai
Innere Wiener Straße
St. Johannes
Preysingstr.
Preysing-str.
Steinstr.
Hofbräukeller
Wiener Platz
Schelllstr.
MAX-WEBER-PLATZ
Max-Weber-Platz
Schloß-str.
Jazzclub Unterfahrt
Kirchenstr.
Metzgerstr.
Schlit-berger-str.
St. Johann Baptist
Jugendstr.
Wolfgangstr.
1
2
3
4
5
6
7

Tour 8 — Maxvorstadt

Von Verbrechern, Helden und Opfern

Königsplatz › Brienner Straße › Platz der Opfer des Nationalsozialismus › Odeonsplatz › Viscardigasse › Denkmal für den Widerstand › Haus der Kunst

Start: Ⓗ **Königsplatz** (Ⓤ 2)
Ziel: Ⓗ **Haus der Kunst (Tram 18)**
Wann: **bei leidlich gutem Wetter**
Distanz: **2,1 km**

Zu den Schauplätzen der ruhmlosen Vergangenheit Münchens als »Hauptstadt der Bewegung« ebenso wie zu Gedächtnisstätten der Opfer und Widerstandskämpfer gegen das NS-Regime führt die Tour und deckt ein wichtiges Stück Münchner Geschichte auf.

München war schon früh Schauplatz nationalsozialistischer Geschichte. Es erlebte den Aufstieg Hitlers zum Parteichef der NSDAP und seinen Putschversuch im Jahr 1923 mit dem Marsch auf die Feldherrnhalle am Odeonsplatz.

Der **Königsplatz** 1 war die dramatische Kulisse für die Bücherverbrennungen im Jahr 1933. Erich Kästner sah unerkannt in der Menge zu, wie seine Werke mit dem Ruf »Gegen Dekadenz und moralischen Zerfall! Für Zucht und Sitte in Familie und Staat!« dem Feuer übergeben wurden. Oskar Maria Graf, dessen Werke von den Nazis zunächst nicht als unliebsam eingestuft wurden, rief in einem öffentlichen Brief zu deren Verbrennung auf, damit sie nicht »in die blutigen Hände« der Nazis gelangen würden. Zwei Jahre später wurde der Platz mit Granitplatten zum Aufmarschgelände umgestaltet. An der Ecke zur Arcisstraße befanden sich zu beiden Seiten die **Ehrentempel** 2 mit den Sarkophagen der beim Hitlerputsch getöteten Nationalsozialisten. Diese nationalsozialistische Kultstätte wurde 1947 gesprengt, nur die Sockel sind heute noch zu erkennen. Zu beiden Seiten ließ Hitler rechts in der Katharina-von-Bora-Straße den »Verwaltungsbau der NSDAP«, heute **Institutsgebäude und Museum für Abgüsse** 3 (unbedingt einen Blick hineinwerfen!) und links in der Arcisstraße den »Führerbau«, heute **Hochschule für Musik und Theater** 4, errichten.

Mit Münchens Rolle als ehemalige »Hauptstadt der Bewegung« und den Folgen des Nationalsozialismus setzt sich das **NS-Dokumentationszentrum München** 5 (www.ns-dokumentationszentrum-muenchen.de, Mo geschl.) auseinander. Das neue Ausstellungshaus versteht sich als Lern- und Erinnerungsort. Der Ort ist authentisch und historisch, denn mit seiner Lage an der Brienner Straße zwischen Arcisstraße und Karolinenplatz nimmt der Neubau Bezug auf das Braune Haus, das hier stand und Hitler als Parteizentrale diente. Kurz nach der Kreuzung Brienner/Türkenstraße weist auf der linken Seite am Gebäude der Bayerischen Landesbank eine **Gedenktafel** 6 darauf hin, dass sich hier das Wittelsbacher Palais befand, in dem die Gestapo (Geheime Staatspolizei) ihren Sitz hatte. Schräg gegenüber brennt in dem **Denkmal der Opfer des Nationalsozialismus** 7 ein ewiges Feuer in Gedenken an die Opfer der Schreckensherrschaft der Nazis.

> **Innehalten am Platz der Opfer des Nationalsozialisten:** Mit der Flamme in der Granitsäule und der langen Bronzetafeln wird an die Opfer erinnert.

Die **Feldherrnhalle** 8 am **Odeonsplatz** wurde nach der Machtergreifung durch die Nationalsozialisten 1933 zu einem zentralen Ort des NS-Kultes. Auf der Ostseite hatte Hitler eine Tafel mit den Namen der Gefallenen aus seinen Reihen anbringen lassen, die 1923 bei seinem Putschversuch ums Leben kamen. Davor war eine SS-Ehrenwache abgestellt. Als Passant musste man die Hand zum Deutschen Gruß erheben; wer dem entgehen wollte, machte den Umweg über das »Drückebergergassl«, wie im Volksmund die **Viscardigasse** 9 hinter der Feldherrnhalle hieß. Heute erinnert eine im Boden eingelassene Tafel an die bei Hitlers Putschversuch getöteten Polizisten.

Vom Odeonsplatz führt die Tour durch den Hofgarten, an dessen nordöstlicher Ecke, vor den glasüberdachten ausgegrabenen Arkaden, das **Denkmal für den Widerstand** 10 steht, ein schwarzer Kubus mit einem Textauszug aus den Flugblättern der Weißen Rose (s. Tour 10, S. 46). In Gedenken an diejenigen, die im Widerstand ihr Leben gelassen haben, legen Besucher – nach jüdischer Tradition – Steine auf dem Denkmal nieder. In der zentralen Mittelhalle vom **Haus der Kunst** 11 traf einst die NS-Führungsriege zusammen (www.hausderkunst.de). 1937 eröffnet, zeigte es bis 1944 nazikonforme Kunst (s. Tour 20, S. 86). Am Eröffnungstag wurde zeitgleich in den **Arkaden am Hofgarten** die polemisierende Propagandaveranstaltung »Entartete Kunst« abgehalten, zu dieser zählten die Nazis viele expressionistische Meisterwerke. Max Beckmann emigrierte noch am selben Tag und kehrte nie mehr zurück.

Tour im Anschluss: 20

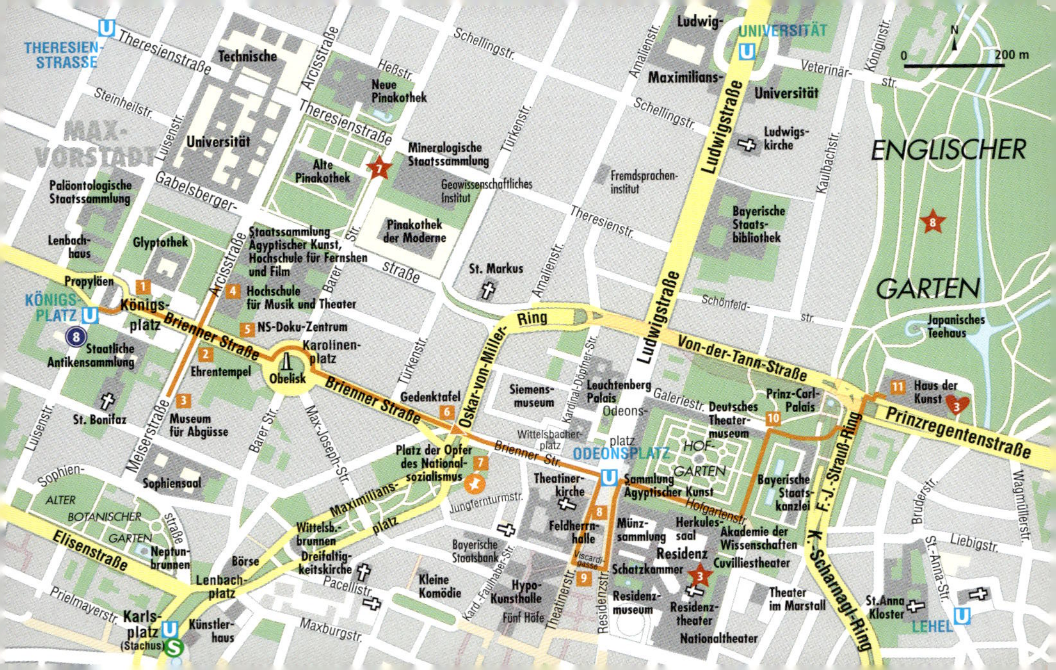
THERESIEN-STRASSE
Theresienstraße
Technische
Universität
MAX-VORSTADT
Steinheilstr.
Luisenstr.
Arcisstraße
Heßstr.
Neue Pinakothek
Theresienstraße
Alte Pinakothek
Mineralogische Staatssammlung
Geowissenschaftliches Institut
Pinakothek der Moderne
Schellingstr.
Türkenstr.
Amalienstr.
Ludwig-
Maximilians-
Universität
UNIVERSITÄT
Ludwigstraße
Ludwigs-kirche
Fremdsprachen-institut
Theresienstr.
Bayerische Staats-bibliothek
Veterinär-str.
Königinstr.
Kaulbachstr.
0
200 m
N
ENGLISCHER
GARTEN
Paläontologische Staatssammlung
Gabelsberger-straße
Lenbach-haus
Glyptothek
Staatssammlung Ägyptischer Kunst, Hochschule für Fernshen und Film
Hochschule für Musik und Theater
NS-Doku-Zentrum
Barer Str.
St. Markus
Schönfeld-str.
Japanisches Teehaus
Propyläen
KÖNIGS-PLATZ
Königs-platz
Brienner Straße
Staatliche Antikensammlung
Karolinen-platz
Obelisk
Ehrentempel
Oskar-von-Miller-Ring
Von-der-Tann-Straße
Haus der Kunst
Prinzregentenstraße
Museum für Abgüsse
Meiserstraße
St. Bonifaz
Gedenktafel
Siemens-museum
Kardinal-Döpfner-Str.
Leuchtenberg Palais
Galeriestr.
Deutsches Theater-museum
Prinz-Carl-Palais
F.-J.-Strauß-Ring
Odeons-platz
Wittelsbacher-platz
Brienner Str.
ODEONSPLATZ
HOF-GARTEN
Bayerische Staats-kanzlei
Platz der Opfer des National-sozialismus
Max-Joseph-Str.
Sophien-straße
Sophiensaal
ALTER BOTANISCHER GARTEN
Neptun-brunnen
Elisenstraße
Maximilians-platz
Wittelsb.-brunnen
Dreifaltig-keitskirche
Börse
Lenbach-platz
Jungfernturmstr.
Theatiner-kirche
Feldherrn-halle
Sammlung Ägyptischer Kunst
Hofgartenstr.
Münz-sammlung
Herkules-saal
Akademie der Wissenschaften
Residenz
Viscardi-gasse
Schatzkammer
Cuvilliestheater
Bayerische Staatsbank
Kard.-Faulhaber-Str.
Hypo-Kunsthalle
Fünf Höfe
Theatinerstr.
Residenzstr.
Residenz-museum
Residenz-theater
Nationaltheater
Theater im Marstall
K.-Scharnagl-Ring
Bruderstr.
St.-Anna-Str.
Liebigstr.
Wagmüllerstr.
St.Anna Kloster
LEHEL
Kleine Komödie
Pacellistr.
Prielmayerstr.
Karls-platz (Stachus)
Künstler-haus
Maxburgstr.

Tour 9 — Maxvorstadt

Mekka für Kunstliebhaber: die Pinakotheken

Pinakothek der Moderne › Museum Brandhorst › Neue Pinakothek › Alte Pinakothek › Museum Ägyptischer Kunst › Königsplatz › Glyptothek › Lenbachhaus › Augustenstraße

Start:	Ⓗ Pinakotheken (Tram 27 und 28)
Ziel:	Ⓗ Königsplatz (Ⓤ 2, 8) oder Ⓗ Theresienstraße (Ⓤ 2, 8)
Wann:	alle Museen auf der Tour haben Mo geschl. außer der Neuen Pinakothek: Di geschl.
Distanz:	1,9 km

Ein Spaziergang und zugleich eine Zeitreise in die abendländische Kunst – sei es die Antike oder die Alten Meister, die Impressionisten oder die Moderne. Und wer die Zeit vergessen und inmitten der Kunst vielleicht nur in den blauen Himmel sehen möchte, kehrt in das wunderschöne Museumscafé im Innenhof der Glyptothek ein.

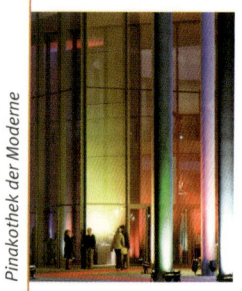

Pinakothek der Moderne

Münchens jüngste Pinakothek ist die **Pinakothek der Moderne** 1. Entworfen von dem Münchner Architekten Stephan Braunfels, vereinigt sie unter ihrem Dach die verschiedenen Sammlungen zur Kunst des 20. und 21. Jhs. wie auch Grafik, Architektur und Design. Wer auf Luxuskarossen oder Designermöbel abfährt, wird sich hier ebenso wohlfühlen wie Fans von Max Beckmann oder amerikanischer Minimal Art. Ein architektonisches Highlight ist die nach oben lichtdurchflutete Rotunde, deren Tiefgeschoss wie ein Tresor eine Sammlung zur internationalen zeitgenössischen Schmuck-Kunst beherbergt (www.pinakothek-dermoderne.de; Mo geschl., alle Pinakotheken So Eintritt 1 €). In unmittelbarer Nachbarschaft präsentiert das **Museum Brandhorst** 2 Kunst des 20. und 21. Jhs. mit Werken von Cy Twombly, Andy Warhol, Damien Hirst, Gerhard Richter, Alex Katz u. v. a. (www.museum-brandhorst.de, Mo geschl.).

Wer sich für die französischen Impressionisten interessiert, wird die **Neue Pinakothek** 3 mit ihrem Sammlungsschwerpunkt zur europäischen Kunst des 19. Jhs. schräg gegenüber ansteuern. Zu den Höhepunkten zählen Gemälde der deutschen Romantik und des französischen Impressionismus (www.pinakothek.de, Di geschl.).

Gegenüber der Pinakothek der Moderne steht die **Alte Pinakothek** 4 mit einer der weltweit bedeutendsten Sammlungen europäischer Malerei, die den Bogen vom Mittelalter über die Renaissance und das Barock bis zum ausgehenden Rokoko spannt. Malern wie Rubens oder Rembrandt sind eigene Säle gewidmet (www.pinakothek.de, Mo geschl.).

Ein neues Highlight im Zentrum des Kunstareals zwischen Pinakotheken und Königsplatz ist der Neubau des **Staatlichen Museums Ägyptischer Kunst** 5. Dort werden Meisterwerke, des ägyptischen Altertums aus fünf Jahrtausenden präsentiert (www.smaek.de, Mo geschl.).

Durch die Arcisstraße gelangt man in die Antike am **Königsplatz** (s. Tour 8). Zwar stammen der Platz und die ihn rahmenden prächtigen Bauten aus dem Anfang des 19. Jhs. (sie sind der Griechenland-Begeisterung König Ludwigs I. zuzuschreiben),

Glyptothek

doch was die beiden Kunsttempel in ihrem Inneren bergen, ist echt antik. Beispielsweise lassen sich in der **Glyptothek** 6, dem vielleicht schönsten Museum Münchens, muskelbepackte Athleten und Göttinnen aus Stein bewundern. Lässt man sich darauf ein, scheinen das besondere Licht und die beredte Stille die über 2000 Jahre alten Statuen zu neuem Leben zu erwecken. Auch ein besonderer Ort, an dem sich die Zeit vergessen lässt, ist der Innenhof der Glyptothek mit dem Museumscafé (www.antike-am-koenigsplatz.mwn.de, Mo geschl.).

Die historische **Künstlervilla** des Münchner Malerfürsten Franz von Lenbach ist das Herzstück des neuen Lenbachhauses. Die **Städtische Galerie im Lenbachhaus** 7 zeigt eine einzigartige Sammlung der Avantgarde-Künstler-Gruppe »Blauer Reiter«, der Münchner Schule sowie internationale Gegenwartskunst (www.lenbachhaus.de, Mo geschl.). Zur Kunstpause lädt das Café-Restaurant **Ella** mit seiner großen Sonnenterrasse ein. Von da aus gelangt man direkt zur Ⓗ Königsplatz.

> **MAL PAUSE MACHEN** ⭐
> In der Sammlung **»Der Blaue Reiter« im Lenbachhaus** hängt Franz Marcs »Blaues Pferd«. Lassen Sie sich von der meditativen Stille, die von diesem bekannten Bild ausgeht, in den Bann ziehen.

Wer den Spaziergang stilvoll ausklingen lassen will, folgt der Brienner Straße ein kurzes Stück stadtauswärts und biegt rechts in die **Augustenstraße** zum Café und israelischen Restaurant **Schmock** 8 (s. Restaurants, S. 139) ab. Durch die Augustenstraße bummelt man weiter vorbei an hübschen Lädchen, Cafés, Eisdiele und asiatischem Supermarkt geradeaus zur Ⓗ Theresienstraße.

Tour im Anschluss: 8

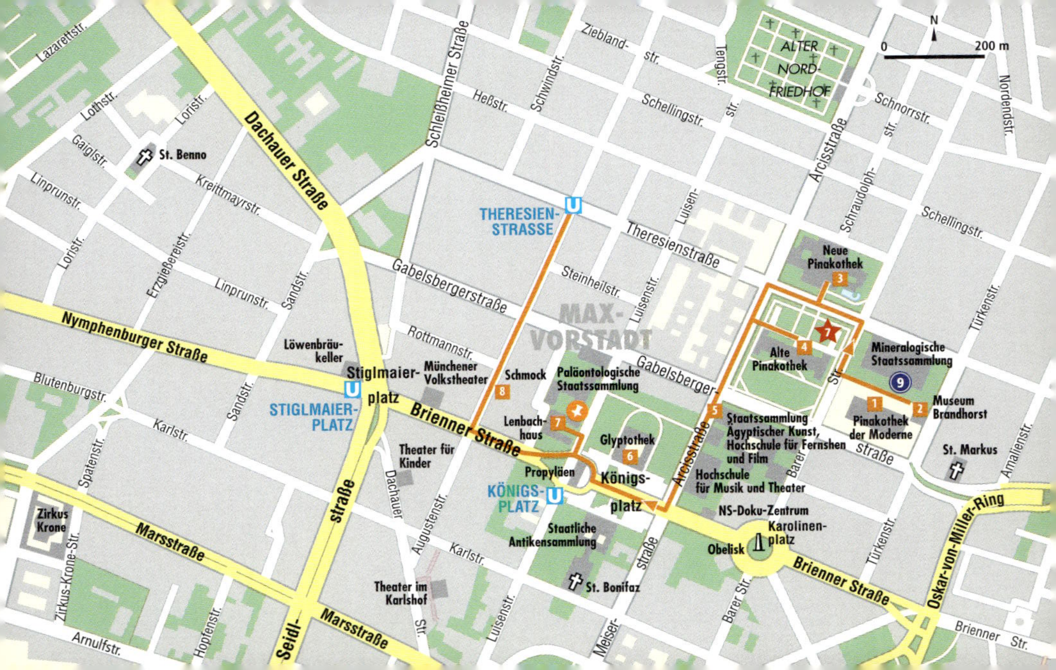

0
200 m
N
ALTER NORD-FRIEDHOF
Nordendstr.
Schnorrstr.
Schellingstr.
Tengstr.
Ziebland-str.
Heßstr.
Schwindstr.
Schleißheimer Straße
Arcisstraße
Schraudolph-str.
Türkenstr.
Amalienstr.
Luisen-str.
Theresienstraße
THERESIEN-STRASSE
Neue Pinakothek
Alte Pinakothek
Mineralogische Staatssammlung
Museum Brandhorst
Pinakothek der Moderne
Barer Str.
St. Markus
Oskar-von-Miller-Ring
Brienner Str.
Brienner Straße
Staatssammlung Ägyptischer Kunst, Hochschule für Fernsehen und Film
Hochschule für Musik und Theater
NS-Doku-Zentrum
Karolinen-platz
Obelisk
Türkenstr.
Barer Str.
Meiser-straße
St. Bonifaz
Staatliche Antikensammlung
KÖNIGS-PLATZ
Königs-platz
Propyläen
Glyptothek
Lenbach-haus
Paläontologische Staatssammlung
Schmock
MAX-VORSTADT
Gabelsberger-straße
Gabelsbergerstraße
Steinheilstr.
Luisenstr.
Rottmannstr.
Münchener Volkstheater
Stiglmaier-platz
STIGLMAIER-PLATZ
Löwenbräu-keller
Nymphenburger Straße
Dachauer Straße
Dachauer Str.
Theater für Kinder
Augustenstr.
Karlstr.
Theater im Karlshof
Luisenstr.
Seidl-straße
Marsstraße
Zirkus Krone
Zirkus-Krone-Str.
Spatenstr.
Arnulfstr.
Hopfenstr.
Blutenburgstr.
Sandstr.
Linprunstr.
Erzgießereistr.
Kreittmayrstr.
Loristr.
Lothstr.
Gaiglstr.
St. Benno
Lazarettstr.
1
2
3
4
5
6
7
8
9

Tour 10 🌧 ◐ Maxvorstadt

Studenten, Künstler, Literaten

Universität › Ludwigskirche › Schellingstraße › Türkenstraße › Alter Nördlicher Friedhof

Start: Ⓗ Universität (Ⓤ 3, 6)
Ziel: Ⓗ Josephsplatz (Ⓤ 2, 8)
Wann: werktags
Distanz: 1,9 km

Das Viertel hinter der Universität lädt mit seinen Buchhandlungen und Antiquariaten, Lokalen und Cafés zum Genießen, Stöbern und Entdecken ein. Ein idyllischer Park lockt am Ende der Tour.

Universität

Die **Ludwig-Maximilians-Universität** 1 ist mit rund 50 000 Studenten eine der größten Hochschulen Deutschlands und gilt als erfolgreichste Universität im deutschen Exzellenzwettbewerb. Nicht vergessen sind die beiden Studenten Hans und Sophie Scholl, nach denen der Platz vor der Universität benannt ist. Vor dem Haupteingang erinnern in den Boden eingelassene Flugblätter an deren Widerstand gegen den Nationalsozialismus. Die Geschwister warfen Flugblätter in den Lichthof, in dem heute die DenkStätte **Weiße Rose** (So/Fei geschl.) eingerichtet ist. Ein Hausmeister hatte sie dabei beobachtet und denunziert, wenige Tage später wurden sie und ihre Mitstreiter hingerichtet.

Bevor man rechts in die Schellingstraße biegt, fallen linker Hand die spitzen Türme der klassizistischen **Ludwigskirche** 2 ins Auge. Benannt nach dem Auftraggeber der gleichnamigen

Prachtstraße, dem bayerischen König Ludwig I., birgt die Kirche im Chorraum mit dem »Jüngsten Gericht« von Peter Cornelius eines der größten Wandfreskos. Aber auch der Kirchenraum als solcher ist mit seinem sternenübersäten, nachtblauen Gewölbe sehenswert.

Die **Schellingstraße** ist wie die benachbarte Amalien- und Türkenstraße das Herz des Studentenviertels, und nirgendwo sonst in der Stadt finden Schnäppchenjäger einen so reich gedeckten Büchertisch: Ein Ladenraum voll Nostalgie ist das **Antiquariat Hauser** (Schellingstr. 17); zwei Häuser weiter bietet **Word's Worth** in einem Hinterhofidyll englische Bücher bis unters Dach, um nur zwei der vielen Buch-, Grafik- und Notenantiquariate zu nennen. Geht man rechts in die Türkenstraße, kommt man auf der linken Seite zum **Alten Simpl** 3, dem Urgestein der einstigen Schwabinger Künstlerkneipen. Um 1900 von Kathi Kobus gegründet und nach der damals in München erscheinenden Satirezeitschrift »Simplicissimus« genannt, wurde das Lokal bald Treffpunkt für Künstler, Denker, Literaten, Alternative und Arrivierte, wie auf der Speisekarte nachzulesen ist. Die original vertäfelten Wände zieren Fotos der beliebten Wirtin und ihrer Stammgäste wie z. B. Oskar Maria Graf, Frank Wedekind, Karl Valentin oder Joachim Ringelnatz; bezahlt wurde schon mal mit dem Vortrag eines selbst verfassten Couplets oder Gedichts. Das Lokal ist heute noch lebendig, die einst zähnefletschende, bissige Dogge des Simplicissimus-Zeichners Heine mutierte zum netten Maskottchen und ist auch als Kuscheltier an der Bar zu bewundern. Schräg gegenüber prä-

Ludwigskirche

sentiert **Nicki Marquardt** ihre kunstvollen Hutkreationen (s. Shopping, S. 143). Die Torpassage führt zu den Ateliers im **Kunsthof Türkenstraße** 4, einer kleinen, heilen Hinterhofwelt, in der junge Kunst gedeiht (akthof-zeichenstudio.de).

Die nahe gelegene **Akademie der Bildenden Künste** (Akademiestr. 2), ein prächtiger Gründerzeitbau, hat das renommierte Wiener Architekturbüro Coop Himmelb(l)au um einen spektakulären Anbau zur **Türkenstraße** hin erweitert. Durch die Blütenstraße geht es weiter zur **Barerstraße.** Nach links lässt sich ein kurzer Abstecher zu dem schrill-bunten Shop-around-the-world-Laden **Apartment** 5 (s. Shopping, S. 140) machen, und wer sehen möchte, wo der bayerische Schriftsteller Oskar Maria Graf bis zu seiner Emigration gewohnt hat, geht noch ein paar Häuser weiter zum **Kunstauktionshaus Neumeister** 6 (Nr. 37).

> **MAL PAUSE MACHEN**
> Im bei Cineasten beliebten **Arri-Kino** sich entspannt in den Kinosessel fallen lassen und einen Film anschauen.
> • Türkenstraße 91, Ticketreservierung: www.arri-kino.de

Zurück am Ausgangspunkt, gelangt man durch die Schnorrstraße geradeaus zum **Alten Nördlichen Friedhof** 7 – atmet tief durch und genießt die paradiesische Ruhe. Der Friedhof wird heute als öffentlicher Park zum Spazierengehen, Joggen oder Picknicken benutzt. Verlaufen kann man sich hier nicht, der Ausgang nach links, wo der große Spielplatz beginnt, führt auf die Zieblandstraße und durch die Teng- oder Görresstraße.

Im nahen italienischen Restaurant **Il Mulino** 8 mit seinem ruhigen Biergarten unter Bäumen (Görresstr. 1, 11.30–24 Uhr) kann man die Tour entspannt ausklingen lassen. Um die Ecke findet man die Ⓗ Josephsplatz.

SCHWABING
MAX-VORSTADT
Leopoldstraße
Ludwigstraße
GISELA-STRASSE
UNIVERSITÄT
JOSEPHSPLATZ
THERESIENSTRASSE
Theater an der Leopoldstraße
LEOPOLD PARK
Akademie der Bildenden Künste
Siegestor
Theater k
Arri-Kino
Schauburg
Kalypso
St. Joseph
Il Mulino
ALTER NORDFRIEDHOF
Apartment
Kunstauktionshaus Neumeister
Alter Simpl
Kunsthof Türkenstraße
Ludwig-Maximilians-Universität
Geschw.-Scholl-Platz
Prof.-Huber-Platz
Ludwigskirche
Bayerische Staatsbibliothek
Neue Pinakothek
Alte Pinakothek
Mineralogische Staatssammlung
Paläontologische Staatssammlung
Münchener Volkstheater
Elisabethplatz
Josephsplatz
Franz-Joseph-Straße
Elisabethstraße
Schleißheimer Straße
Theresienstraße
Gabelsbergerstraße
Arcisstraße
Nordendstraße
Kurfürstenstr.
Schellingstr.
Türkenstr.
Amalienstr.
Adalbertstr.
Akademiestr.
Veterinärstr.
Kaulbachstr.
Martiusstr.
Giselastr.
Konradstr.
Friedrichstr.
Ainmillerstr.
Bauerstr.
Agnesstr.
Georgenstr.
Isabellastr.
Tengstr.
Adelheidstr.
Görresstr.
Zentnerstr.
Keuslinstr.
Winzererstr.
Zieblandstr.
Augustenstr.
Schwindstr.
Schraudolphstr.
Barer Str.
Schnorrstr.
Blütenstr.
Heßstr.
Steinheilstr.
Josephstr.
0
200 m
N

Tour 11 ☀ 🕐 Schwabing

Münchner Lebensgefühl im Englischen Garten

Kleinhesseloher See › Chinesischer Turm › Monopteros › Japanisches Teehaus › Brücke am Hirschanger › Eisbach

Start:	Ⓗ **Münchner Freiheit** (Ⓤ 3, 6)
Ziel:	Ⓗ **Universität** (Ⓤ 3, 6)
Wann:	bei schönem Wetter im Sommer tummelt sich halb München im Englischen Garten
Distanz:	4 km

Der Englische Garten zählt zu den größten Stadtparks weltweit, er ist sogar größer als der Central Park in New York. Besonders im Sommer ist der Englische Garten Inbegriff der heiteren und gelassenen Münchner Lebensart mit Biergärten, bunt gemischtem Publikum und viel Natur.

Biergarten am Seehaus

Einer der Wege zum **Englischen Garten** 8 beginnt an der Ⓗ **Münchner Freiheit** und führt durch das legendäre Altschwabing (s. Tour 12). Alte Laubbäume säumen den Schwabinger Bach. Halb links kommt der **Kleinhesseloher See** mit seinen drei Inseln in Sicht, Herzstück des Englischen Gartens und beliebtes Ausflugsziel der Münchner am Wochenende (Ruder- und Tretbootverleih). Biegt man links ab, umrundet man den See in etwa 20 Minuten. Im **Seehaus** 1, wo man am Ufer hervorragend speist, sind vor allem die Fischgerichte ein Gedicht (s. Restaurants, S. 139). Je nach Wetter hat auch der Biergarten direkt am Seeufer geöffnet. Auf der kleinen Landzunge steht die von Pinienzapfen bekrönte Säule des **Denkmals** für Ludwig von Sckell, der den Park bis 1808 weitgehend naturnah im englischen Stil mit Wasserläufen, dem See, Denkmälern und Pavillons als Blickpunkte gestaltete. Ursprünglich Wittelsbacher Jagdrevier und undurchdringliche, häufig überschwemmte Wildnis an der Isar, entstand auf dem Areal der Park auf Initiative des Amerikaners Benjamin Thompson alias Graf Rumford. Da er sozialreformerischen Ideen aufgeschlossen war, konnte er den bayerischen Kurfürsten von der Notwendigkeit eines Volksparks überzeugen, der für alle Gesellschaftsschichten zugänglich sein sollte – schließlich schrieb man das Jahr 1789, das Jahr der Französischen Revolution.

Der **Chinesische Turm** 2 ist unbestritten der bekannteste und bunteste aller Münchner Biergärten. Rund um die alte Holzpagode treffen sich Einheimische und Touristen, Studenten von der nahen Universität, Büro- und Freizeitmenschen. An den Wochenenden spielt vom 1. Stock des Turms eine Blaskapelle, die man gegen einen kleinen Obolus auch mal dirigieren darf (tgl. 10 bis 22 Uhr, je nach Witterung).

Ein schöner Brauch wird hier gepflegt: Alljährlich lädt am dritten Sonntag im Juli um 6 Uhr früh der beliebte traditionelle **Kocherlball** zum Volkstanz rund um den Chinesischen Turm ein. Der Ball geht auf das 19. Jh. zurück, als im Sommer sonntags Küchenbedienstete, Kindermädchen und andere Hausangestellte sich in den frühen Morgenstunden vor Arbeitsbeginn zum Tanzvergnügen trafen. Wer mitfeiern möchte, sollte allerdings schon wirklich früh vor Ort sein!

Monopteros

Hinter dem Biergarten quert man eine Brücke über den Eiskanal und läuft auf den Hügel mit dem **Monopteros** 3 zu, einem klassizistischen Rundtempel, von wo aus man einen schönen Blick auf die Turmsilhouette der Stadt hat. Markant ragen die Doppeltürme der Frauenkirche heraus, rechts davon die gelbe Theatinerkirche, links der verspielte Turm des Neuen Rathauses und der Alte Peter. Im Winter ist der Abhang zum Rodeln wie geschaffen, im Sommer versammelt sich bei schönem Wetter halb München auf den Wiesen zum Sonnenbaden, Picknicken, Fußballspielen oder Tai-Chi-Üben, und von irgendwoher trägt der Wind Gitarren- und Trommelklänge heran. Läuft man vom Monopteros weiter Richtung Süden und hält sich dann rechts, so erreicht man eine kleine Insel im Schwabinger Bach. Im Schatten der Bäume duckt sich ein **Japanisches Teehaus** 4, das ein kleines Stück traditionelles Japan abseits der lärmenden Münchner Großstadt verkörpert. Im Sommer wird hier am 2. und 4. Wochenende jedes Monats die Japanische Teezeremonie vorgeführt.

An der **Brücke am Hirschanger** 5 neben dem Haus der Kunst versuchen die Riversurfer den perfekten Ritt auf einer stehenden Welle, für die München in Surferkreisen international bekannt ist. Von der Brücke aus kann man am romantischen Wasserfall vorbei am **Eisbach** entlang zurück nach Norden spazieren.

> **MAL PAUSE MACHEN**
>
> Im Bioimbiss **Milchhäusl** im Englischen Garten sich in eine der blauen Seilbahngondeln setzen und auf ein kühles Bier oder bayerische Schmankerl freuen.
> • Königinstraße 6/ Ecke Veterinärstraße

Tour im Anschluss: 10

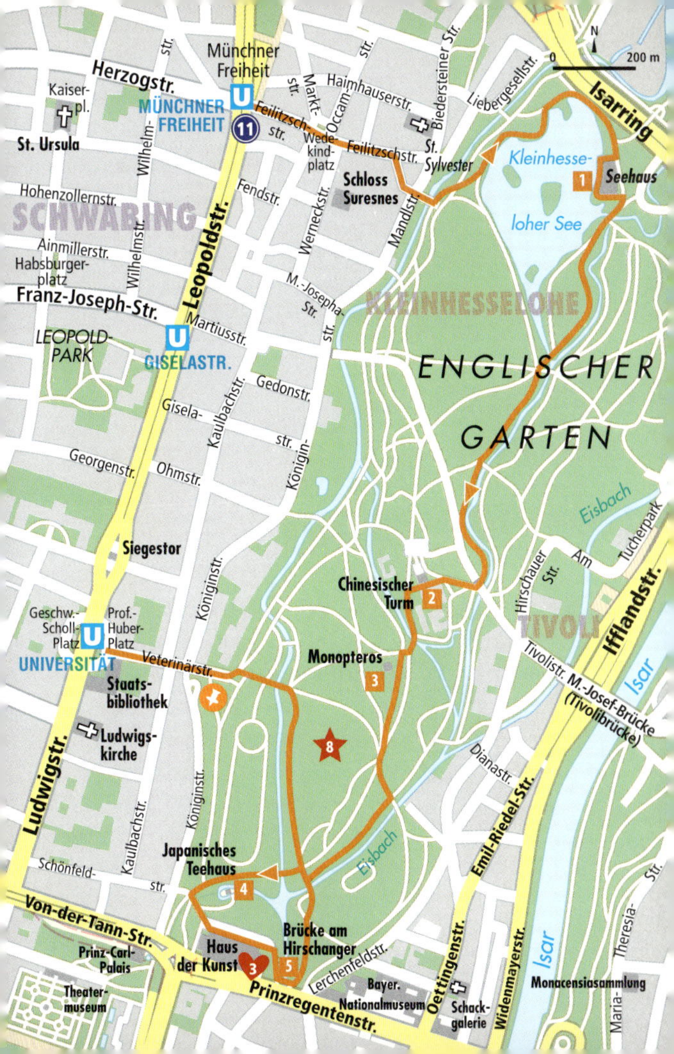

Münchner Freiheit
MÜNCHNER FREIHEIT
11
Herzogstr.
Kaiser-pl.
St. Ursula
Wilhelm-str.
Feilitzsch-str.
Wede-kind-platz
Markt-str.
Occam-str.
Haimhauserstr.
Feilitzschstr.
Biedersteiner Str.
St. Sylvester
Liebergesellstr.
Isarring
0 200 m
N
Kleinhesseloher See
Seehaus
1
Hohenzollernstr.
SCHWABING
Fendstr.
Schloss Suresnes
Werneckstr.
Mandlstr.
Leopoldstr.
Ainmillerstr.
Habsburger-platz
Wilhelmstr.
Franz-Joseph-Str.
M.-Joseph-Str.
KLEINHESSELOHE
Martiusstr.
LEOPOLD-PARK
GISELASTR.
ENGLISCHER GARTEN
Gedonstr.
Gisela-str.
Kaulbachstr.
Königin-str.
Georgenstr.
Ohmstr.
Eisbach
Am Tucherpark
Siegestor
Hirschauer Str.
Chinesischer Turm
2
Geschw.-Scholl-Platz
Prof.-Huber-Platz
UNIVERSITÄT
Königinstr.
TIVOLI
Ifflandstr.
Monopteros
3
Veterinärstr.
Tivolistr.
M.-Josef-Brücke (Tivolibrücke)
Isar
Staats-bibliothek
Ludwigs-kirche
8
Dianastr.
Ludwigstr.
Kaulbachstr.
Königinstr.
Emil-Riedel-Str.
Eisbach
Japanisches Teehaus
Schönfeld-str.
4
Von-der-Tann-Str.
Brücke am Hirschanger
Oettingenstr.
Widenmayerstr.
Isar
Maria-Theresia-Str.
Prinz-Carl-Palais
Haus der Kunst
3
5
Lerchenfeldstr.
Bayer. Nationalmuseum
Schack-galerie
Monacensiasammlung
Theater-museum
Prinzregentenstr.

Tour 12 ☀ ◐ Schwabing

Bohemeviertel und Partymeile

Wedekindplatz › Gunezrainerstraße › Feilitzschstraße › Mandlstraße › Seestraße › Leopoldstraße › Ludwigstraße

Start: Ⓗ Münchner Freiheit (Ⓤ 3, 6)
Ziel: Ⓗ Universität (Ⓤ 3, 6)
Wann: am Wochenende ist weniger Verkehr auf der Leopoldstraße
Distanz: 1,7 km

Auf Spurensuche nach den Anfängen des einstigen Künstler-, Rebellen- und Bohemeviertels: Rund um den ehemaligen Dorfkern zeigt Altschwabing seine idyllischen Seiten. An warmen Sommertagen laden Tische und Stühle auf dem breiten Gehsteig der Leopoldstraße zu Eiskaffee und Cocktails ein.

Feilitzschstraße

Alt und Neu prallen im Künsterviertel Schwabing aufeinander, aber besonders in den Seitenstraßen Richtung Englischer Garten atmet man noch das alte Flair. Durch die **Feilitzschstraße,** die gesäumt ist von Street- und Clubwear, Edelpizzerien und einer Starbucks-Filiale, gelangt man zum **Wedekindplatz 1**, dem Herzen Alt-Schwabings. Namensgeber Frank Wedekind war Mitbegründer des Satiremagazins »Simplicissimus«, Schauspieler, Regisseur und Autor von Skandalstücken wie »Lulu« und »Frühlingserwachen«. Sein Name steht für ein Schwabing, das mit seiner schillernden Szene bis in die 1920er-Jahre geistige Heimat für (Lebens-)Künstler und Literaten war. Am Wedekindplatz nahmen 1962 die »Schwabinger Krawalle« ihren Anfang, bei denen junge Leute sich tagelange Straßenschlachten mit der Polizei lieferten, und die den Auftakt für die APO-Unruhen in den späten 1960er-Jahren bildeten. Heute pulsiert das Leben hier auf ganz andere Art: Bei den ersten wärmenden Sonnenstrahlen füllen sich die Freischankflächen rund um den Platz und verleihen ihm das Flair eines großen Open-Air-Wohnzimmers. Institutionen des Kabarett-Theaters wie das **Lustspielhaus** (s. Nightlife, S. 148), das Vereinsheim oder die **Münchner Lach- und Schießgesellschaft** erinnern bis heute daran, dass Schwabing einst Zentrum der Jugend- und Protestkultur war. An die dörfliche Vergangenheit Schwabings erinnert noch der **Vieregghof** 2 mit seinem Maibaum an der Ecke zur **Gunezrainerstraße**. In dem Eckhaus gegenüber, in der **Feilitzschstraße Nr. 32** 3, lebte in einer kleinen Junggesellenwohnung im 3. Stock für einige Jahre der Schriftsteller Thomas Mann, der hier im Sommer 1900 seine »Buddenbrooks« vollendete. Biegt man in die Gunezrainerstraße, sieht man nach wenigen Hundert Metern linker Hand auf einer kleinen Anhöhe den trutzigen Turm der im Kern gotischen Pfarrkirche **St. Sylvester** 4.

Rechts geht es in die **Mandlstraße** am Englischen Garten (s. Tour 22) und am Schwabinger Bach entlang bis zu Münchens beliebtem **Standesamt** 5 (Nr. 14), das mit seinen Säulen und dem Parkgrün dahinter die romantische Kulisse für so manches Trauungsfoto abgibt. An der Kreuzung **Seestraße** und **Werneckstraße** erreicht man rechts das **Schloss Suresnes (Werneck-**

> **MAL PAUSE MACHEN**
>
> Lieber Schweben als Pflastertreten? Ist möglich – sogar mit Sternenhimmel –, und es tut außerordentlich gut im **float Schwabing**.
> • Feilitzschstraße 26 Tel. 24 40 68 10, www.float-schwabing.de

schlössl) 6, einen ehemaligen Schwabinger Landsitz aus dem 18. Jh. Versteckt hinter Mauern beherbergte es einst auch in seiner wechselvollen Geschichte den Maler Paul Klee, der 1919–1921 hier ein Atelier gemietet hatte. Zurück, über die Seestraße hinaus, an der Kreuzung zur Nikolaistraße steuert man die **Seidlvilla** 7 mit ihrem schönen Garten an. Offen für alle, wartet sie u. a. mit Lesungen, Konzerten und Ausstellungen und einer Cafeteria auf (www.seidlvilla.de). Einer Schwabinger Bürgerinitiative ist es zu verdanken, dass die Villa in den 1970er-Jahren nicht abgerissen wurde.

Gelangt man durch die Nikolai- in die **Leopoldstraße,** taucht man sogleich in das pulsierende Leben der Großstadt ein. Hier kann man flanieren, vorbei an Geschäften (**Kunst und Spiel** in Nr. 48), Modefilialen und Straßencafés (legendär: **Café Roxy** im Stil der 1980er-Jahre). Mindestens zwei Mal im Jahr ist die Leopoldstraße autofrei: Während des Streetlife-Festivals im Frühjahr und Herbst gehört der »Corso Leopold« den Gauklern, Tänzern, Musikern, Akrobaten und Fußgängern (www.corso-leopold.de). Dann lebt wieder etwas vom WM-Flair auf, wenn Tausende ausgelassener Fans an der Leopoldstraße ihre Partys feiern. In Richtung Innenstadt geht in Riesenschritten der **Walking Man** 8 des amerikanischen Künstlers Jonathan Borofsky voran. Am klassizistischen **Siegestor** 9 erreicht man das Entrée in die **Ludwigstraße** und die Innenstadt.

Tour im Anschluss: 10

BONNER PL.
Rheinstraße
DIETLINDENSTR.
Leopoldstr.
Ungererstr.
Dietlindenstr.
Karl-Theodor-Str.
Biedersteiner Str.
Ansprengerstr.
Viktoria-str.
Siegfriedstr.
Morawitzky-str.
Kunigunden-str.
Bismarckstr.
Gohrenstr.
Biedersteiner Str.
Münchner Freiheit
Haim-hauserstr.
Occamstr.
Liebergesellstr.
Herzogstr.
Herzogstr.
Kaiser-pl.
MÜNCHNER FREIHEIT
12
1
Vieregghof
St. Sylvester
4
Römerstr.
St. Ursula
Kaiserstr.
Wilhelm-str.
Wedekind-platz
Feilitzschstr.
2
3
Kleinhesseloher See
Hohenzollernstr.
Fendstr.
Wagner-str.
Werneckstr.
Schloss Suresnes
SCHWABING
Leopoldstr.
6
Mandlstr.
Ainmillerstr.
Standesamt
Nikolai-pl.
Seestr.
5
7
Seidlvilla
Wilhelmstr.
M.-Josepha-Str.
KLEIN-HESSELOHE
Franz-Joseph-Str.
Schau-burg
GISELASTR.
Martiusstr.
Thiemestr.
LEOPOLD-PARK
Konradstr.
Friedrich-str.
Gedonstr.
Gisela-str.
Kaulbachstr.
ENGLISCHER GARTEN
8
8
Walking Man
Theater k
Georgenstr.
Ohmstr.
Königin-str.
Ohmstr.
Akadamie der Bildenden Künste
Akademiestr.
Türkenstr.
9
Siegestor
Schackstr.
Chinesischer Turm
Hirschauer Str.
Amalienstr.
Geschw.-Scholl-Platz
Prof.-Huber-Platz
Kaulbachstr.
Königinstr.
TIVOLI
UNIVERSITÄT
Veterinärstr.
Tivolistr.
Staats-bibliothek
Monopteros
Ludwigs-kirche
Ludwigstr.
Theresienstr.
Emil-Riedel-Str.
N
0
200 m

Tour 13 ☀ ☽ Westschwabing

Schöne Fassade des Lebens

Ainmillerstraße › Elisabethplatz › Isabellastraße › Kaiserstraße › Hohenzollernstraße › Kaiserstraße

Start:	Ⓗ **Giselastraße** (Ⓤ 3, 6)
Ziel:	Ⓗ **Münchner Freiheit** (Ⓤ 3, 6)
Wann:	während der Ladenöffnungszeiten
Distanz:	2,6 km

Hinter Jugendstilfassaden, die noch etwas vom Glanz des legendären Schwabings um 1900 widerspiegeln, hielten Schmuck- und Modeläden Einzug und machen Lust, den neuesten Trends nachzuspüren.

Ainmillerstraße 22

Ein besonders farbenprächtiges Beispiel eines Schwabinger **Jugendstilwohnhauses** 1 aus dem Jahr 1900 findet sich in der **Ainmillerstraße 22.** In den anmutigen Figuren, Blüten- und Blattranken drückt sich das damalige Geschmacksideal aus, das sich an den Formen der Natur orientierte. Die Abkehr des Jugendstils vom überladenen Pomp des Historismus zeigt sich auch in den feinen eleganten Stuckgirlanden am Nachbarhaus (Nr. 20). Ein kurzer Schlenker zu den wallenden Roben der Designerin **Natascha Müllerschön** 2 führt links über den Habsburger Platz. Auf dem Weg zurück durch die Friedrich- in die Ainmillerstraße sieht man vorn die Silhouette der **Sankt-Ursula-Kirche,** wie sie Wassily Kandinsky auf einem Bild gemalt hat, das in der Städtischen Galerie im Lenbachhaus hängt. Mit Gabriele Münter wohnte er links in der Ainmillerstraße im heute zerstörten Gartenhaus von Nr. 36; seine Nachbarn in der Schwabinger Zeit um 1900 waren Paul Klee mit Familie (Nr. 32). Es waren Namen wie diese, die zum legendären Ruf des Künstlerviertels Schwabing beitrugen. In dem **Haus Nr. 34** lebte Rainer Maria Rilke für kurze Zeit, bevor er Deutschland 1919 endgültig verließ. Und immer wieder lassen sich Jugendstilfassaden entdecken, wie die Häuser Nr. 33–35 und Nr. 37, ebenso auf dem weiteren Weg nach links durch die Römerstraße – hier mit besonders reicher Stuckverzierung linksseitig das **Jugendstileckhaus** an der Franz-Joseph-Straße 38. Rechts geht es durch die Franz-Joseph-Straße auf den **Elisabethplatz** zu. Anspruchsvolles Theater für junges und jüngstes Publikum bringt die **Schauburg am Elisabethplatz** 3 auf die Bühne. Einige Vorstellungen sind schon lange im Voraus ausgebucht (www.schauburg.net). Für die Mittagspause bietet sich der **Elisabethmarkt** 4 an, der »Viktualienmarkt« Schwabings, mit seinen Ständen und dem kleinen Biergarten. »Suppenkönigin« Susa serviert in ihrem Markthäuschen (Stand 24) ihre beliebten Suppenkreationen und Säfte (Mo–Fr 8.30–18.30, Sa bis 14.30 Uhr). Leckere griechische Fischgerichte bekommt man in der auch optisch ansprechenden Weintaverne **Kalypso** 5 (s. Restaurants, S. 137).

Wer sich an den Hausfassaden nicht satt sehen kann, biegt rechts um die Ecke in die **Isabellastraße** und bewundert am **Jugendstilhaus Nr. 22** die Mosaiken, die sogar die Unterseite der Balkone verzieren. Folgt man der Isabellastraße weiter nach

Norden bis rechts in die Hohenzollernstraße, kann man links in der Belgradstraße 5 dem stilvollen Designermodehaus **Off & Co.** 6 einen Besuch abstatten. Schräg gegenüber gibt es in dem kleinen sympathischen Laden **WILD MUNICH** (Nr. 4) »Leckeres für's Bad«, von handgemachten Seifen und wohlriechenden Essenzen bis hin zu Bett- und Nachtwäsche.

Politische Prominenz undercover hatte einst die **Kaiserstraße** zu bieten, die nächste Station auf der Spurensuche in Westschwabing: Ein paar Häuser weiter, beispielsweise im Haus **Nr. 46,** wohnte unter dem Decknamen Meyer eine Zeit lang Wladimir Iljitsch Lenin. Im Hoftrakt von Nr. 47 hat Lichtkünstler **Ingo Maurer** 7 eine Industriehalle zu seinem Showroom, Werkstattatelier und Shop umgestalten lassen. Über 100 Lampen und Leuchtobjekte geben Einblick in das einzigartige Zusammenspiel von Hightech und Formentwicklung von Designerhand (Fr ab 14 Uhr, Sa/So geschl.). Im Vorderhaus lässt man sich in der Enoteca **Passaparola** Pizza aus dem Holzofen schmecken.

> **MAL PAUSE MACHEN**
> Ein köstliches **Bio-eis bei Bartu** holen und es z. B. auf den Treppenstufen vor der Sankt-Ursula-Kirche genüsslich schlecken.
> • Bartu, Wilhelmstr. 23/ Ecke Kaiserstraße, tgl. 11–21 Uhr

Ein kurzes Wegstück zurück gelangt man über die Römer- in die **Hohenzollernstraße**, wo verschiedenste Läden für Couture (z. B. Nr. 25), Schuhe (z. B. Nr. 33), Trödel und Antiquitäten (z. B. Nr. 58) Lust auf eine Einkaufs- und Entdeckungstour machen.

Die jungen Gastronomen vom **Kaisergarten** (Kaiserstr. 34/Ecke Friedrichstraße) bieten bayerische Küche in modernem rustikalem Ambiente an. Das Publikum ist ausgesucht, die Preise auch. Aber in dem 100 Jahre alten Biergarten sitzt es sich herrlich.

Touren im Anschluss: 11 und 12

Map labels

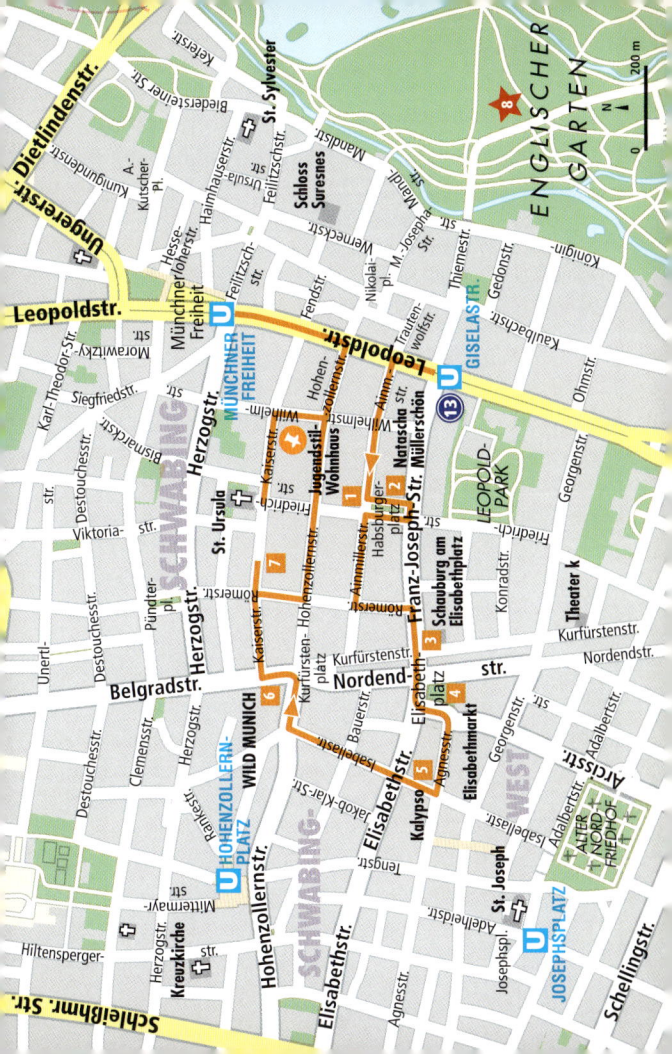

Streets & areas:
- Dietlindenstr.
- Ungererstr.
- Leopoldstr.
- Karl-Theodor-Str.
- Siegfriedstr.
- Destouchesstr.
- Viktoriastr.
- Unertlstr.
- Destouchesstr.
- Clemensstr.
- Herzogstr.
- Rankestr.
- Hiltensperger-str.
- Schleibhm. Str.
- Bismarckstr.
- Pündterpl.
- Herzogstr.
- Belgradstr.
- Hohenzollernstr.
- Elisabethstr.
- Agnesstr.
- Herzogstr.
- Kreuzkirche
- Mittermayrstr.
- Morawitzkystr.
- Feilitzschstr.
- Kaiserstr.
- Römerstr.
- Kurfürstenpl.
- Kurfürstenstr.
- Bauerstr.
- Jakob-Klar-Str.
- Isabellastr.
- Tengstr.
- Josephspl.
- Agnesstr.
- St. Ursula
- SCHWABING
- WILD MUNCH
- HOHENZOLLERN-PLATZ
- Feilitzschstr.
- Münchner Freiheit
- MÜNCHNER FREIHEIT U
- Wilhelmstr.
- Jugendstil Wohnhaus
- Friedrichstr.
- Hohenzollernstr.
- Ainmillerstr.
- Habsburgerpl.
- Franz-Joseph-Str.
- Hohenzollernstr.
- Kurfürstenstr.
- Nordendstr.
- Elisabethpl.
- Elisabethmarkt
- Kalypso
- SCHWABING-WEST
- Biedersteiner Str.
- Kufsteinpl.
- St. Sylvester
- Haimhauserstr.
- A.-Kutscher-Pl.
- Ursulastr.
- Hesse-loherstr.
- Fendstr.
- Werneckstr.
- Mandlstr.
- Schloss Suresnes
- Nikolaipl.
- M.-Josephstr.
- Natascha Müllerschön
- Leopoldstr.
- GISELASTR. U
- Trautenwolfstr.
- LEOPOLD-PARK
- Friedrichstr.
- Konradstr.
- Schauburg am Elisabethpl.
- Theater k
- Nordendstr.
- Georgenstr.
- Adalbertstr.
- Arcisstr.
- Adalbertstr.
- ALTER NORD FRIEDHOF
- Isabellastr.
- Adelheidstr.
- St. Joseph
- JOSEPHSPLATZ U
- Josephspl.
- Schellingstr.
- Königinstr.
- Kaulbachstr.
- Gedonstr.
- Ohmstr.
- Georgenstr.
- Thiemestr.
- ENGLISCHER GARTEN

Numbered markers: 1, 2, 3, 4, 5, 6, 7, 8

200 m

Tour 14 Georgenschwaige

Grün über dem Tunnel

Petuelpark › Luitpoldpark › Bamberger Haus

Start: Ⓗ **Milbertshofen** (Ⓤ 2)
Ziel: Ⓗ **Scheidplatz** (Ⓤ 2, 3, 8)
Wann: besonders stimmungsvoll gegen Abend, wenn die Lichter angehen
Distanz: 2 km

Der Petuelpark ist nicht wirklich schön und idyllisch; aber er ist ein spannendes Beispiel dafür, was für vielfältige Möglichkeiten entstehen, wenn der Autoverkehr erst einmal in den Untergrund verbannt wird. Großer Blick von kleinem Hügel: Vom 37 m hohen Luitpoldhügel aus präsentiert sich – bei entsprechendem Wetter – die Münchner Turmsilhouette vor der Kulisse der Alpen.

Petuelpark

Um den Autoverkehr hinter sich und unter sich zu lassen, überquert man eine Fußgängerbrücke über den Nymphenburg-Biedersteiner-Kanal in den **Petuelpark** 1 – Luft zum Durchatmen, denn die Autos rollen ab hier unterirdisch. Statt Lärm und Abgase haben die Anwohner einen modernen Park zum Entspannen, Flanieren und Spielen. Ein Treffpunkt und eine Kunstforum ist der **Kubus/Café Ludwig** 2 am Fontänenplatz. Der gläserne Pavillon beinhaltet einen nur von außen einsehbaren Ausstellungsraum, der von wechselnden Künstlern bestückt wird (www.cafe-ludwig.net).

Keine Straßenschneise trennt mehr die beiden Stadtteile Milbertshofen und Schwabing. Dennoch, von einem beschaulichen Gartenidyll kann hier nicht die Rede sein; das war auch nicht die Absicht der beiden Landschaftsarchitekten Jühling und Bertram. Sie schufen ein künstlerisches Pendant zu dem darunter liegenden Mittleren Ring mit trassenartig dahinziehenden Flanier- und Radlstrecken und einer Spielmeile für Kinder mit Wasserspielplatz. Verschiedene Kunstobjekte nehmen ebenfalls engen Bezug auf die unsichtbare Blechlawine, wie das **Periskop** 3, das einen Blick auf die Autos im Untergrund gewährt, oder das **Lichtkunstkonzept** aus über 70 Edelstahlsäulen mit eingelassenen Autoscheinwerfern. Mit dem Petuelpark ist ein öffentlicher Kunstraum entstanden, in dem es Nachdenkliches, Rätselhaftes oder Absurdes zu entdecken gibt, wie die wasserspuckenden **Zwei Paar Stiefel** 4 auf einer Kiesinsel am Ende des Kanals oder das ebenso bunte wie ungewöhnliche **Reiterstandbild** namens »Go«.

Nebenan am Mittleren Ring, wo der Tunnel die Autos wieder ausspuckt, sind die beiden markanten Hochhaustürme mit ihrer spiegelnden Fassade, die **HighLight Towers** von Helmut Jahn aus Chicago, aus nächster Nähe zu sehen.

Auf dem Uferweg geht es am Kanal entlang zurück in die Barlachstraße und links in die Belgradstraße. Rechtsseitig erstrecken sich die weitläufigen Liegewiesen der **Georgenschwaige** 5, das kleine, ruhige Freibad für die Sommermonate liegt am am nördlichen Ende des Luitpoldparks (www.swm.de).

Reiterstandbild

> **MAL PAUSE MACHEN**
>
> Ein großartiger Blick bis zu den Alpen bietet sich vom **Luitpoldhügel,** der zweithöchsten Erhebung Münchens. Am Gipfelkreuz verschnaufen und die Aussicht bei einer Rast genießen.

Links vor dem Eingang zum Bad zweigt ein Fußweg in den **Luitpoldpark** ab. Nach ein paar Hundert Metern geht es links in sanften Serpentinen auf den **Luitpoldhügel** 6 . Er wurde mit dem Ruinenschutt aus dem Zweiten Weltkrieg aufgeschüttet. Das Gipfelkreuz gedenkt den »unter den Bergen von Trümmern Verstorbenen«. Von oben hat man einen fantastischen Blick auf Bayern Münchens **Allianz Arena** im Norden – vor allem abends ist der Anblick imposant, wenn an Spieltagen der »Schwimmreifen« in den jeweiligen Vereinsfarben glüht (Besichtigungen der Arena, des Vereinsmuseums und der FCB-Erlebniswelt: www.allianz-arena.de). Der Park war mit seinen ursprünglich 90 Linden und dem Obelisken ein Geschenk der Münchner an ihren Prinzregenten Luitpold zu seinem 90. Geburtstag. Entstanden ist eine wunderschöne Stadtoase mit Wiesen zum Fußballspielen und Entspannen.

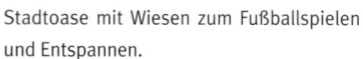

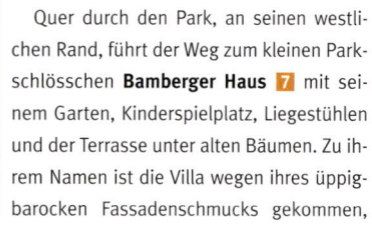

Quer durch den Park, an seinen westlichen Rand, führt der Weg zum kleinen Parkschlösschen **Bamberger Haus** 7 mit seinem Garten, Kinderspielplatz, Liegestühlen und der Terrasse unter alten Bäumen. Zu ihrem Namen ist die Villa wegen ihres üppigbarocken Fassadenschmucks gekommen, der von einem Gartenpalais aus Bamberg stammt. Das Speisenangebot ist vielfältig: Gehobene österreichische Küche gibt es bei **Zum Ferdinand,** familienfreundlich ist die Pizzeria **Chez Fritz** im Haus. Die Voelerndorfstraße führt aus dem Park auf die Belgradstraße, wo es links zur Ⓗ Scheidplatz geht.

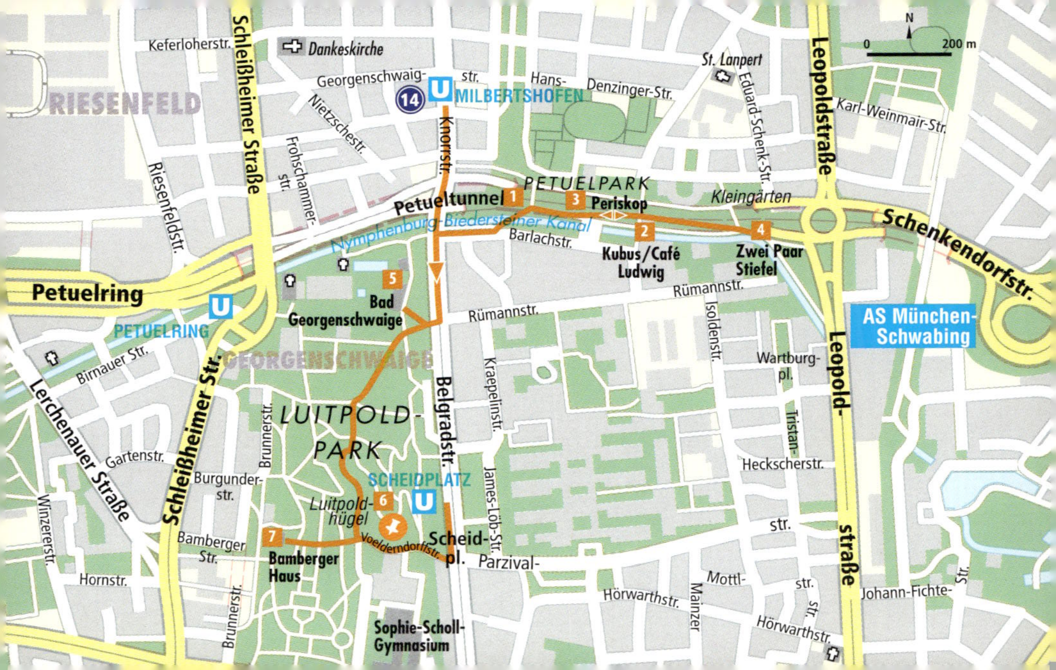

N
0
200 m
Dankeskirche
Keferloherstr.
RIESENFELD
Schleißheimer Straße
Georgenschwaig-
str.
14
MILBERTSHOFEN
Hans-
Denzinger-Str.
St. Lanpert
Eduard-Schenk-Str.
Karl-Weinmair-Str.
Leopoldstraße
Nietzschestr.
Knorrstr.
Frohschammer-
str.
Riesenfeldstr.
PETUELPARK
Petueltunnel
1
3
Periskop
Kleingärten
Schenkendorfstr.
Nymphenburg-Biedersteiner Kanal
Barlachstr.
2
Kubus/Café
Ludwig
4
Zwei Paar
Stiefel
Petuelring
PETUELRING
5
Bad
Georgenschwaige
Rümannstr.
Rümannstr.
Isoldenstr.
AS München-
Schwabing
Wartburg-
pl.
Leopold-
straße
GEORGENSCHWAIGE
Birnauer Str.
Lerchenauer Straße
Schleißheimer Str.
LUITPOLD-
PARK
Belgradstr.
Kraepelinstr.
Tristan-
Heckscherstr.
Brunnerstr.
Gartenstr.
Burgunder-
str.
SCHEIDPLATZ
6
Luitpold-
hügel
James-Löb-Str.
Scheid-
pl.
Parzival-
str.
7
Bamberger
Str.
Bamberger
Haus
Voelderndorfstr.
Winzererstr.
Hornstr.
Brunnerstr.
Sophie-Scholl-
Gymnasium
Hörwarthstr.
Mainzer
Mottl-
str.
str.
Hörwarthstr.
Johann-Fichte-
Str.

Tour 15 ☀ ◐ Olympiapark

Hightech, Sport und moderne Architektur

Mittlerer Ring › Olympiastadion › Olympiapark

Start:	Ⓗ Olympiazentrum (Ⓤ 3)
Ziel:	Ⓗ Goethe-Institut (Tram 20 und 21)
Wann:	romantisch bei Einsetzen der Dunkelheit auf dem Olympiaturm, erlebnisreich während des Tollwood Festivals (www.tollwood.de)
Distanz:	2,3 km

Ob als sportliche Spaßtour oder als Kulturspaziergang durch eine faszinierende Architekturlandschaft – der Spaziergang durch den Olympiapark lässt sich den unterschiedlichen Interessen entsprechend gestalten. Die Tour startet bei der BMW Welt und führt zur kleinen Ost-West-Friedenskirche von Timofej.

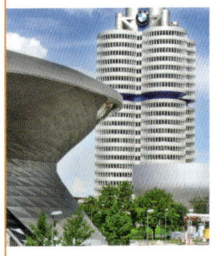

BMW Welt

Die beste Rund- und Nahsicht auf die moderne Architektur am Mittleren Ring bietet sich, wenn man dem Walther-Bathe-Weg geradeaus auf die Fußgängerbrücke über den Georg-Brauchle-Ring folgt. Die **BMW Welt** 1 9 mit ihrer weit geschwungenen, dynamischen Dachlandschaft nach dem Entwurf des Wiener Architekturbüros Coop Himmelb(l)au zieht mit ihrem spannenden Programm, das auch Kunst- und Stuntshows umfasst, sowohl Neuwagenabholer als auch Besucher an. Ausgestellt sind aktuelle Modelle, es gibt einen Junior-Campus, verschiedene Restaurants und einen Shop (Mo–So, Fei 9–18 Uhr; www.bmw-welt.com).

In direkter Nachbarschaft glänzen weitere architektonische Markenzeichen der Firma von Anfang der 1970er-Jahre: die silbernen **»Schüssel«** und der **»Vierzylinder«,** wie sie im Volksmund auch genannt werden. Die Architektur der **Konzernzentrale** besticht durch die Idee, die vier runden Bürotürme an einem oben sichtbar hervorstehenden Kern aufzuhängen. In der Museumsschüssel gegenüber und in dem benachbarten neuen Pavillon kommen Auto- und Motorradfans voll auf ihre Kosten: Das **BMW Museum** 2 stellt in einer spannenden Multivisionsshow und anhand von Originalexponaten die Firmengeschichte und Fahrzeugentwicklung ins Rampenlicht (Di–So; www.bmw-welt.com).

Dem Walter-Bathe-Weg folgend, gelangt man in den **Olympiapark** 10 . Der 290 m hohe **Olympiaturm** aus den 1960er-Jahren (letzte Auffahrt 23.30 Uhr; mit dem Restaurant 181 in 181 m Höhe, www.restaurant181.com) und die kühne, denkmalgeschützte **Zeltdachkonstruktion** von Behnisch und Partner aus den frühen 1970er-Jahren sind längst zu einem Wahrzeichen der Stadt geworden. Fantastische Aussichten bietet dabei nicht nur der Turm, sondern auch die zweistündige **Zeltdach-Tour** (Mindestalter 10 Jahre, Sportschuhe erforderlich! Sa/So/Fei 11.30 Uhr, Anmeldung Tel. 30 67 24 14 oder per E-Mail: besucherservice@olympiapark.de). Ursprünglich für die Olympischen Sommerspiele 1972 errichtet, werden die drei zeltdachüberspannten Hallen heute vielseitig genutzt.

Am Aquarium **Sea Life** 3 mit seiner spannenden Unterwasserwelt (www.sealife.de) vorbei, gelangt man nach rechts zur

Olympia-Schwimmhalle 4, heute eine Sauna- und Wellnessoase und ein beliebtes Ziel für Langzeitschwimmer, und läuft geradeaus auf das **Olympiastadion** 5 zu (Mai–Aug. bis 20 Uhr, sonst kürzer). Hier kann man an diversen geführte Touren teilnehmen, z. B. an der Architek-Tour oder der iQuiz Rallye (Anmeldung s. Zeltdach-Tour, S. 67, www.olympiapark.de). Bei sportlichen Großereignissen kommen zigtausend Besucher hierher, um die Liveübertragungen der Spiele zu verfolgen und bis spät in den Abend zu feiern. Auf der Bühne im See, dem **Theatron,** finden im Sommer Open-Air-Konzerte statt. Zudem stehen im Olympiapark häufig bunte Fun- und Action-Events auf dem Programm.

> **MAL PAUSE MACHEN**
> Einen herrlichen Rundblick über das Parkgelände bis zu den Alpen genießt, wer den Serpentinen auf den 564 m hohen **Olympiaberg** folgt. Unter der grünen Anhöhe lagert der Trümmerschutt des zerbombten Münchens.

Als Ende der 1960er-Jahre das weite ungenutzte Ödland mit der 60 m hohen Abraumhalde aus dem bombenzerstörten München für die Olympischen Spiele in den Olympiapark umgewandelt wurde, konnte sich – mit Unterstützung aus der Bevölkerung und der Presse – der russische Eremit Timofej, der sich am Rande des Schuttbergs aus Trümmerstücken ein Haus und eine Kapelle gebaut hatte, einer Zwangsumsiedelung erfolgreich widersetzen. An ihn erinnern ein kleines Museum (nicht immer geöffnet) und seine **Ost-West-Friedenskirche** 6 auf dem winzigen verwunschenen Grundstück inmitten eines Schotterplatzes.

Im angrenzenden Areal findet jährlich im Juni/Juli das **Tollwood Sommerfestival** statt, ein internationales Kulturfestival und einer der Höhepunkte im Münchner Veranstaltungskalender (www.tollwood.de). Über die Wiese und durch die Hedwig-Dransfeld-Allee geht es zur Tramhaltestelle in der Dachauer Straße.

N
0
200 m
15
OLYMPIAZENTRUM
U
Brundage-
platz
P+R
Lerchenauer Straße
1 BMW Welt
2 BMW Museum
9
Hans-Braun-Brücke
Lillian-Board-Weg
Walter-Bathe-Weg
Georg-Brauchle-Ring
2R
Petuelring
Saporro-Bogen
Olympiahalle
Coubertin-pl.
Olympiaturm (Fernsehturm 290 m)
Olympia-Eisstadion
Willi-Daume-Pl.
3 Sea Life
Lutz-Long-Ufer
4 Olympia-Schwimmhalle
Olympiastadion
5
Theatron
Olympiasee
Willi-Gebhardt-Ufer
OLYMPIAPARK
Spiridon-Louis-Ring
Rudolf-Harbig-Weg
Willi-Gebhardt-Ufer
10
OLYMPIA-PARK
Olympiaberg (564 m)
Winzererstr.
Willi-Gebhardt-Ufer
Spiridon-Louis-Ring
Ackermannstr.
6 Ost-West-Friedenskirche
Therese-Studer-Str.
Elisabeth-Kohn-Str.
H.-Lange-Weg
Rudolf-Harbig-Weg
Ackermannstraße
Dachauer Str.
Helene-Weber-Allee
Rosa-Luxemburg-Pl.
Schwere-Reiter-Str.
Elisabethstr.
Saportastr.

Tour 16 🌧 🕐 Schleißheim

Großmachtgelüste und der Traum vom Fliegen

Altes Schloss › Neues Schloss › Schlosspark › Schloss Lustheim › Deutsches Museum Flugwerft

Start:	Ⓗ **Oberschleißheim** (Ⓢ 1)
Ziel:	Ⓗ **Oberschleißheim** (Ⓢ 1)
Wann:	**Bei jedem Wetter; außer Mo (Schlösser geschl.)**
Distanz:	3,2 km

In Schleißheim geraten nicht nur Kunstliebhaber auf einem Spaziergang durch den einzigartigen Barockpark mit seiner schönen Schlossarchitektur ins Schwärmen, auch Technikfreunde bekommen in der historischen Flugwerft und der Luftfahrtausstellung des Deutschen Museums leuchtende Augen. Zur Brotzeit einigt man sich auf die Mitte – im Biergarten der Schlosswirtschaft.

Neues Schloss Schleißheim

Was man zu sehen bekommt, ist vom Feinsten, sobald man die 10 Minuten zu Fuß entlang der Effnerstraße hinter sich hat. Gleich im ersten Hof, dem Wilhelmshof, geht es nach links durch den Maximilianshof zum **Alten Schloss Schleißheim** 1, einem herzoglichen Landsitz im Stil der Spätrenaissance. Gegenüber erstreckt sich das **Neue Schloss Schleißheim** 2 – stolzes Zeugnis der Großmachtgelüste eines bayerischen Kurfürsten. Max Emanuel, der sich Hoffnungen auf die Habsburger Kaiserkrone machte, ließ diesen Bau ab 1701 nach dem Vorbild großer Königsschlösser à la Versailles beginnen. Vollendet wurde der Bau nie, doch der Haupttrakt ist eindrucksvoll genug. Innen kommt man sich in dem prunkvollen Treppenhaus ziemlich klein vor; es besticht die französische Eleganz der Festsäle und Apartments, an deren Ausstattung die gefragtesten Künstler jener Zeit mitgewirkt haben, u. a. Cosmas Damian Asam, Jacopo Amigoni und Johann Baptist Zimmermann. Mit Schlachtgemälden und Historienbildern an den Wänden und Decken und mit Kriegstrophäen aus Stuck ließ sich Max Emanuel als großer Feldherr und Kriegsheld ein Denkmal setzen. 1683 hatte er erfolgreich Wien gegen die Türken verteidigt und Belgrad erobert. In den Galerieräumen zeigen die Bayerischen Staatsgemäldesammlungen eine sehenswerte Auswahl europäischer Barockmalerei (www.schloesser-schleissheim.de, April–Sept. Di–So 9–18, Okt.–März 10–16 Uhr).

> **MAL PAUSE MACHEN**
>
> Im **Museumsladen** des Schleißheimer Schlosses kann man herrlich stöbern und schöne Geschenke, z. B. Hochprozentiges, erwerben. Die Edelbrände werden aus dem Fallobst des Schlossgartens hergestellt.

Die weitläufige Anlage des **Schlossparks** 3 ist ein schönes, noch weitgehend unverändertes Beispiel barocker Gartenbaukunst: Blumenrabatten mit Skulpturen, glitzernde Wasserflächen, breite Sichtachsen, versteckte, von Hecken und schattigen Alleen umsäumte Lichtungen. Perfekte Symmetrie, die der Natur abgerungen wird. Im Sommer gibt der Schlosspark auch eine großartige Kulisse für Open-Air-Konzerte oder Gondelfahrten auf dem Mittelkanal ab.

Entlang dem breiten Mittelkanal gelangt man zum auf Sichtachse gelegenen **Schloss Lustheim** 4. Der Name deutet auf die Bestimmung dieses Garten- und Jagdschlösschens hin, das Max Emanuel seiner Braut, der österreichischen Kaiserstochter Maria Antonia, für die gemeinsamen Flitterwochen schenkte.

Dass die Ehe glücklos verlief, auch dass Max Emanuel dann mit einer polnischen Königstochter dort wohnte, steht auf einem anderen Blatt. Heute beherbergt das Schloss eine **Meißener-Porzellan-Sammlung** (Zweigmuseum des Bayerischen Nationalmuseums). Die Schlösser sind montags geschlossen. Um zurück zum Ausgangspunkt am südlichen Parkeingang zu gelangen, folgt man den Wegen durch die Boskettgärten, die sich parallel zum Mittelkanal erstrecken, und verlässt den Park.

Die nächste Station ist das **Deutsche Museum Flugwerft** 5, das man von der restaurierten alten Flugwerft von 1918 aus betritt. Die lichten, neuen Ausstellungshallen zeigen, wie der Traum vom Fliegen Wirklichkeit wurde – von den Fluggerippen Otto Lilienthals bis hin zu Motorflugzeugen, Hängegleitern und Segelflugzeugen. Flugzeuge aus Holz mit Stoffbespannung aus den Anfängen der Fliegerei sind ebenso zu sehen wie moderne Prototypen voller Elektronik. Die schweren Militärmaschinen sind am Boden ausgestellt, die leichteren Flugobjekte schweben im Luftraum der Halle. Eine Besonderheit ist die gläserne Flugzeug-Restaurierungswerkstatt, wo die Besucher der Flugwerft den Werkmeistern von einer Galerie aus bei den Arbeiten über die Schulter schauen können. Auf dem Flugplatz vor der Halle starten und landen zu besonderen Anlässen immer noch Flug-Oldies (tgl. 9–17 Uhr, www.deutsches-museum.de). Auf dem Rückweg durch die Effnerstraße kommt man rechts an der **Schlosswirtschaft** und dem **Biergarten** vorbei (Maximilianhof 2, Tel. 315 15 55, Mo geschl.). Hier lohnt eine Einkehr, bevor es geradeaus zurück zur Ⓗ Oberschleißheim geht.

Flugwerft

Oberschleißheim
BERGLHOLZ
LUSTHEIM
SCHLOSSPARK
SCHLEISSHEIM
OBERSCHLEISSHEIM
16
Mittenhmr. Str.
Rotdornstr.
Eichenstr.
Am Stutenanger
Wilhelm-K.
Th.-Heuss-Str.
Feierabendstr.
Am
Isar-
bach
Gartenstr.
Eigenheimstraße
Mitten-
heimer Str.
Jahnstr.
Holzhackerstr.
Neuapostol. K.
Kreuzstraße
Dachauer Straße
Freisinger Str.
Hochmutinger Str.
Mariahilfkapelle
Elsternweg
Elsternweg
Altes
Schloss
1
Neues
Schloss
2
Maxi-
milians-
hof
Fliederweg
Max-Emanuel-Pl.
Kapelle
Gemäldesammlung
3
Schloss
Lustheim
4
Porzellansammlung
Bahnhofs-
pl.
Schönleuthner-
str.
Str.
Sonnenstr.
Effnerstr.
Effnerstr.
Amigonistr.
Münchener Allee
August-Schmauß-
Allee
5
Deutsches Museum
Flugwerft Schleißheim
N
0
200 m

Tour 17 ☀ ◐ Au

Isarrauschen – Prater- und Museumsinsel

Gasteig › Müllersches Volksbad › Isar › Praterinsel › Alpines Museum › Museumsinsel › Deutsches Museum

Start: Ⓗ Gasteig (Tram 16)
Ziel: Ⓗ Deutsches Museum (Tram 16)
Wann: bei schönem Wetter im Sommer, außer montags
Distanz: 2 km

Ans Wasser, übers Wasser und am Wasser entlang geht es über Brücken zu den Münchner Isarinseln. Angesteuert werden Museen und architektonische Industriedenkmäler, Badespaß versprechen ein Jugendstilhallenbad und je nach Jahreszeit auch die Isar.

Müllersches Volksbad

Die kleine Kirche **St. Nikolai** 1 auf der Anhöhe am **Gasteig** gehörte zu einem Haus für Leprakranke, das hier im 13. Jh. – in sicherer Entfernung – vor den Toren der Stadt auf dem rechten Isarhochufer erbaut wurde. Die Innere Wiener Straße folgt dem Verlauf der alten Salzstraße, die zur Isar hinunter und nach München hinein führte.

Rechts zweigt ein kopfsteingepflasterter Weg zum **Müllerschen Volksbad** 2 ab. Der von dem Münchner Bürger Karl Müller gestiftete Jugendstilbau gilt als das erste öffentliche Hallenbad der Stadt und zählt zu den allerschönsten Hallenbädern Deutschlands. Zu der prachtvollen Ausstattung im Inneren gehören reich stuckierte Tonnengewölbe, kunstvolle Wasserspeier und sogar noch die originalen Umkleidekabinen aus Holz (Schwimmhalle tgl. 7.30–23, Mo bis 17 Uhr, mit finnischer Sauna, römisch-irischem Schwitzbad, Türkischem Bad, Solarien und Café). Direkt gegenüber ragt der markante Turm von Münchens erstem Elektrizitätswerk in die Höhe. Das Industriedenkmal **Muffatwerk** 3 wird heute kulturell genutzt und ist aus der Münchner Szene nicht mehr wegzudenken (s. Nightlife, S. 148). Ein Geheimtipp ist der dazugehörige kleine Biergarten, dort ist es im Sommer aufgrund der Nähe zur Isar angenehm kühl (bei schönem Wetter tgl. ab 12 Uhr geöffnet).

Einst führte man die Stromkabel auf dem **Kabelsteg** 💔 – daher der Name – über die Isar in die Stadt. Heute benutzen Fußgänger und Radfahrer die über 100 Jahre alte elegante Bogenbrücke, um auf die **Praterinsel** und weiter ans westliche Ufer zu gelangen. Über das Brückengeländer hinweg schweift der Blick auf die **Kiesbänke**, wo sich im Sommer Sonnenanbeter aalen.

Für sein **Alpines Museum** 4 (Mo geschl.) hätte sich der Deutsche Alpenverein keinen passenderen Ort als die Isar wünschen können, entspringt sie doch als alpiner Wildfluss im Karwendelgebirge. Die Sammlung führt anhand von historischen Fotografien, Gemälden und Stichen die Faszination der Alpen und deren Erschließung durch den Menschen anschaulich vor Augen. Im Garten dokumentiert eine geologische Schausammlung an uralten Steinblöcken die Entstehungsgeschichte der Alpen.

> **MAL PAUSE MACHEN**
> Es dem Wanderer auf seiner bewachsenen **Steinbank im Garten des Alpinen Museums** gleichtun – sich niederlassen und sich entspannen: In einem der Liegestühle mit einem Drink aus dem Museumscafé.

Ein Abstecher führt zum benachbarten spätklassizistischen Gebäudekomplex, dem **Aktionsforum Praterinsel** 5, einst die Essig- und Likörfabrik Riemerschmid, heute ein Raum für Events.

Er gehört einer Eventagentur, die Räume an Künstler vermietet und für Veranstaltungen nutzt. Im Innenhof finden im Sommer die beliebten Tango-Nächte und das Salsa-Festival statt; im Beachclub lässt man sich Cocktails im Liegestuhl servieren.

Auf dem Wehrsteg, der die Isar in zwei Flussarme teilt, gelangt man zur **Museumsinsel.** Dass der **Vater-Rhein-Brunnen** 6 ausgerechnet an der Isar steht, ist eine Ironie der Geschichte: Der von Adolf von Hildebrand geschaffene nackte Flussgott gehörte zu einer Brunnenanlage in Straßburg, als diese abgebrochen wurde, gelangte die Figur nach München. Bei Musik, guter Laune und Cocktails findet hier in den Sommermonaten der Kulturstrand (kulturstrand.org) statt.

Dort, wo heute die **Ludwigsbrücke** 7 die Isar überquert, legte wahrscheinlich auch Heinrich der Löwe einen Isarübergang für den Salzweg an, und damit begann Münchens Geschichte.

Jenseits der Brücke geht es auf der **Museumsinsel** zum **Deutschen Museum** 8 ✱ (tgl. 9–17 Uhr, www.deutsches-museum.de). Es ist eines der größten technisch-naturwissenschaftlichen Museen der Welt und erläutert anschaulich fast alle Gebiete der Technik und der Naturwissenschaften – vom Bergbau bis zur Astrophysik. Modelle bieten die unterschiedlichsten Möglichkeiten zum Experimentieren – so wird Wissenschaft verständlich. Bei den Vorführungen im **Zeiss-Planetarium** reisen die Besucher Milliarden Lichtjahre bis an die Grenze des beobachtbaren Universums (tgl.). Im **Zentrum für Neue Technologie (ZNT)** können Besucher mit Genen experimentieren und Biotechnologie spannend erleben.

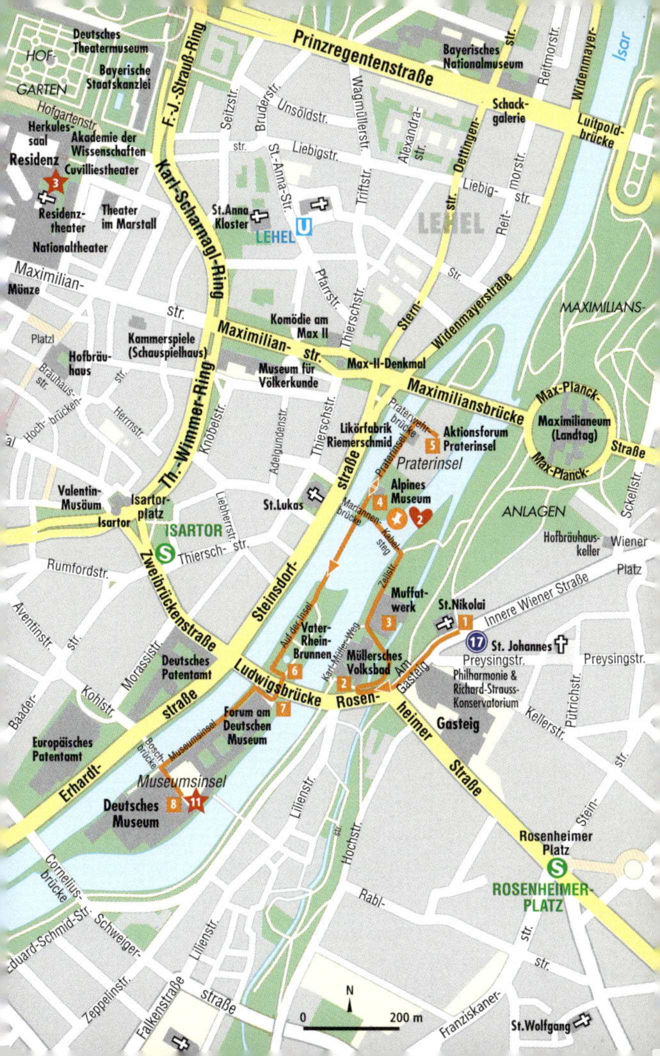
Deutsches Theatermuseum
HOF-GARTEN
Bayerische Staatskanzlei
Hofgartenstr.
Herkules-saal
Akademie der Wissenschaften
Residenz
Cuvilliestheater
3
Residenz-theater
Theater im Marstall
Nationaltheater
F.-J.-Strauß-Ring
Karl-Scharnagl-Ring
Prinzregentenstraße
Bayerisches Nationalmuseum
Seitzstr.
Bruderstr.
Unsöldstr.
Wagmüllerstr.
Alexandra-str.
Oettingen-str.
Reitmorstr.
Widenmayer-str.
Isar
Schack-galerie
Luitpold-brücke
St.-Anna-Str.
Liebigstr.
Triftstr.
Liebig-str.
Reit-morstr.
St. Anna Kloster
LEHEL
LEHEL
Pfarrstr.
Thierschstr.
Stern-str.
Widenmayerstraße
MAXIMILIANS-
Maximilian-str.
Münze
Platzl
Kammerspiele (Schauspielhaus)
Komödie am Max II
Maximilian-str.
Max-II-Denkmal
Hofbräu-haus
Bräuhaus-str.
Hoch-brücken-str.
Herrnstr.
Museum für Völkerkunde
Maximiliansbrücke
Max-Planck-Straße
Maximilianeum (Landtag)
Th.-Wimmer-Ring
Knöbelstr.
Adelgundenstr.
Thierschstr.
Praterwehr-brücke
Likörfabrik Riemerschmid
5
Aktionsforum Praterinsel
Praterinsel
Praterinsel
Valentin-Musäum
Isartor-platz
Isartor
ISARTOR
Liebherrstr.
St. Lukas
Steinsdorf-straße
4
Alpines Museum
2
Mariannen-brücke
Kabel-steg
ANLAGEN
Skellstr.
Thiersch-str.
Rumfordstr.
Zweibrückenstraße
Hofbräuhaus-keller
Wiener Platz
Zellstr.
Muffat-werk
3
St. Nikolai
1
Innere Wiener Straße
Aventinstr.
Auf der Insel
Vater-Rhein-Brunnen
Karl-Müller-Weg
Müllersches Volksbad
Am Gasteig
17
St. Johannes
Preysingstr.
Preysingstr.
Morassistr.
Deutsches Patentamt
6
2
Philharmonie & Richard-Strauss-Konservatorium
Pütrichstr.
Kohlstr.
Ludwigsbrücke
Rosen-heimer Straße
Baader-str.
Erhardt-straße
7
Forum am Deutschen Museum
Gasteig
Kellerstr.
Europäisches Patentamt
Bosch-brücke
Museumsinsel
Museumsinsel
Lilienstr.
Stein-str.
8
11
Deutsches Museum
Hochstr.
Rosenheimer Platz
ROSENHEIMER-PLATZ
Cornelius-brücke
Eduard-Schmid-Str.
Schweiger-straße
Rabl-str.
Lilienstr.
Zeppelinstr.
Falkenstraße
N
0
200 m
Franziskaner-str.
St. Wolfgang

Tour 18 — Haidhausen

Wohnen im Wandel der Zeit

Max-Weber-Platz › Wiener Platz › Johannisplatz › Preysingstraße › Bordeauxplatz › Pariser Straße › Weißenburger Platz › Preysingplatz › Gasteig

Start: Ⓗ Max-Weber-Platz (Ⓤ 4, 5)
Ziel: Ⓗ Rosenheimer Platz (Ⓢ alle)
Wann: während der Ladenöffnungszeiten
Distanz: 2,8 km

Das einstige Glasscherbenviertel finden die einen zu schick, die anderen schätzen die familiäre und entspannte Atmosphäre. Auf der Tour durch das ehemalige Herbergsviertel gibt es niedrige Herbergshäuser und stolze Gründerzeitfassaden, ein buntes Kulturleben, einladende Restaurants und originelle Läden zu entdecken.

> **MAL PAUSE MACHEN**
> Genießen Sie das Open-Air-Flair auf dem Marktplatz von Haidhausen, dem **Wiener Platz –**, bei einem Kaffee oder einem Glas Wein oder an einem der Imbissstände.

In der Inneren Wiener Straße führt **An der Kreppe** 1 eine versteckte Treppenpassage hinunter in einen Hohlweg mit Hinterhofcharakter. Die alte Schmiede und drei niedrige Herbergsanwesen, die sich an den Hang schmiegen, geben einen Eindruck von der ursprünglichen Bebauung Haidhausens. Viele dieser Kleinhäuser mussten gegen Ende des 19. Jhs. repräsentativen Mietshäusern im Neobarockstil weichen. Beispiele für diese neuen Stadtpaläste finden sich oben auf dem **Wiener Platz,** dem Marktplatz von Haidhausen. Rund um den Maibaum haben sich verschiedene Stände angesiedelt. Das beherrschende Gebäude am Platz ist der **Hofbräukeller** 2

(s. Tour 7, S. 34). Die Brauerei hat ihre Produktion längst nach außerhalb der Stadt verlegt, geblieben sind der Keller und die Wirtschaft mit ihrem beliebten Biergarten auf der Isarseite.

Durch die Chorherrstraße geht es auf die neogotische Haidhauser Pfarrkirche **St. Johann Baptist** 3 am **Johannisplatz** zu, die stolz wie eine Kathedrale in den Himmel ragt. Für alle, die Lust auf stylische Mode haben, lohnt ein Abstecher in die Wörthstraße zu **Venus** (s. Shopping, S. 145). Ein paar Hausnummern weiter sitzt man in dem kleinen Lokal **Nomiya** an bayerischen Wirtshaustischen und lässt sich mit Spezialitäten aus der japanischen Küche verwöhnen (tgl. 18–1 Uhr).

Folgt man der **Preysingstraße**, stößt man auf das kleine **Üblackerhäusl** 4 (Nr. 58), in dem das Stadtmuseum ein Herbergenmuseum unterhält. In den niedrigen, sparsam möblierten Räumen lässt sich nachempfinden, wie bedrängt das Wohnen in vorindustrieller Zeit war. Gegenüber steht der rund 300 Jahre alte hölzerne **Kriechbaumhof** 5, der vom Deutschen Alpenverein genutzt wird (Nr. 71). Ursprünglich wohnten in solchen Anwesen mehrere Familien von kleinen Handwerkern, Tagelöhnern oder Krämern unter einem Dach. Die Wohnungen waren von Außentreppen und Laubengängen aus einzeln zugänglich. Auf der rechten Seite der Preysingstraße schließen sich mehrere Kleinhäuser mit Bauerngärten an, die dem Viertel fast dörflichen Charakter verleihen. Heute wohnen hier Handwerker und Künstler, die die Anwesen aufwendig saniert haben. Ein paar Schritte weiter lädt die beliebte Viertel-Kneipe **Zum Kloster** 6 (Nr. 77, kein Ruhetag) zu einer Pause ein.

Kriechbaumhof

Folgt man der Metzstraße nach rechts, erreicht man den **Bordeauxplatz** 7, eine gründerzeitliche Platzanlage, die von stattlichen Mietshäusern umstanden ist. Durch die Pariser Straße am Ende des Platzes gelangt man nach rechts in die Lothringer Straße. In der **lothringer 13** 8, einer städtischen Kunsthalle in einer ehemaligen Fabrik, haben junge Künstler ein Ausstellungsforum gefunden (Di–So 11–20 Uhr; aktuelle Ausstellungen: www.lothringer13.de). Rund um den idyllischen **Weißenburger Platz** mit seinem Glaspalast-Springbrunnen und entlang der Metz-, Sedan- und Milchstraße entdeckt man Secondhandshops, Öko- und Kinderläden, Cafés und Restaurants. Wer Lust auf bodenständige Küche in Bioqualität hat, macht einen Abstecher zum Gasthaus **Klinglwirt** (s. Restaurants, S. 137).

Nächste Station ist der **Preysingplatz** 9 mit der evangelischen St.-Johannes-Kirche. Im Café-Restaurant am Platz lockt bei schönem Wetter die Terrasse (tgl. 10–1 Uhr). Der ruhige Platz vor der Johanneskirche wirkt mit den Stühlen und Tischen im Freien wie ein großes Open-Air-Ess- und Spielzimmer.

Schließlich erreicht man durch die Holzhof- und Kellerstraße das **Kulturzentrum am Gasteig** 10 (www.gasteig.de). Der Name leitet sich von der Bezeichnung »Gaacher Steig« (Steiler Weg) ab, wie einst der Weg von den Isarauen hinauf auf die Anhöhe genannt wurde. Der mächtige Backsteinbau beherbergt von der Philharmonie bis zur Volkshochschule wichtige Kultureinrichtungen der Stadt. Herrlich unkompliziert geht es im Restaurant **gast** zu, das durch sein Konzept der offenen Küche und seine Auswahl an Weinen überzeugt (im Gasteig, www.gast-muenchen.de).

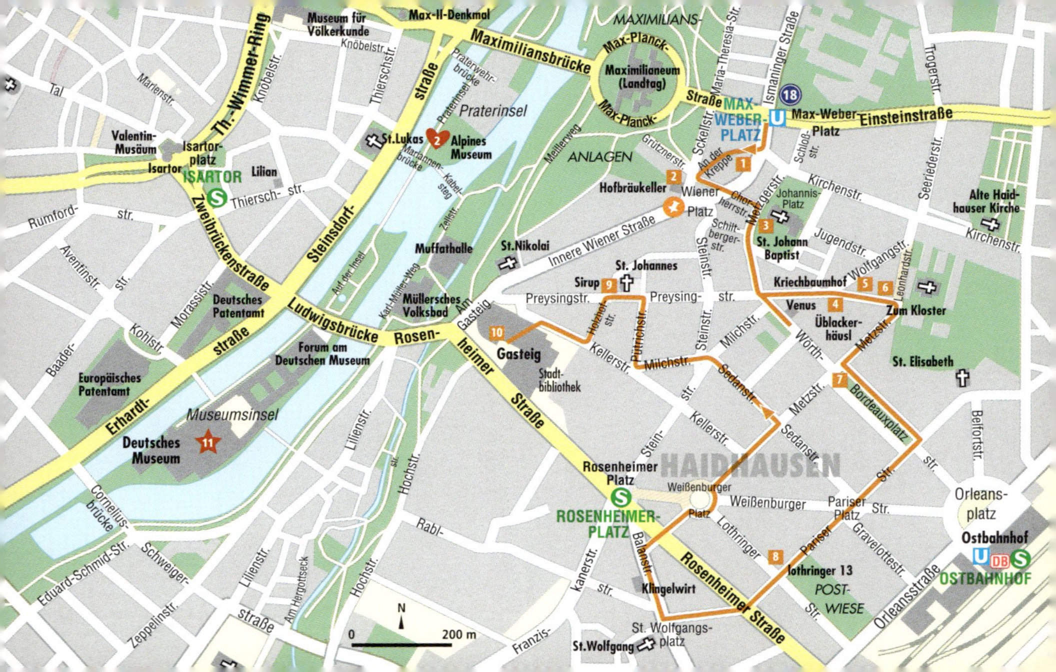

Museum für Völkerkunde
Max-II-Denkmal
MAXIMILIANS-
Maximiliansbrücke
Max-Planck-
Maximilianeum (Landtag)
Max-Planck-
Straße
MAX-WEBER-PLATZ
Max-Weber-Platz
Einsteinstraße
18
Ismaninger Straße
Maria-Theresia-Str.
Trogerstr.
Knöbelstr.
Thierschstr.
Praterwehrbrücke
Praterinsel
Praterinsel
St.Lukas
Alpines Museum
Mariannenbrücke
Kabelsteg
Zellstr.
Meillerweg
ANLAGEN
Grütznerstr.
Skellstr.
An der Kreppe
Schloßstr.
Kirchenstr.
Seeriederstr.
Alte Haidhauser Kirche
Kirchenstr.
Hofbräukeller
Wiener Platz
Chorherrstr.
Metzgerstr.
Johannis-Platz
St. Johann Baptist
Schiltbergerstr.
Jugendstr.
Innere Wiener Straße
St.Nikolai
Muffathalle
St. Johannes
Sirup
Preysingstr.
Preysingstr.
Steinstr.
Kriechbaumhof
Wolfgangstr.
Leonhardstr.
Venus
Üblackerhäusl
Zum Kloster
Metzstr.
St. Elisabeth
Müllersches Volksbad
Karl-Müller-Weg
Auf der Insel
Am Gasteig
Gasteig
Holzstr.
Pütrichstr.
Milchstr.
Milchstr.
Steinstr.
Wörthstr.
Kellerstr.
Stadtbibliothek
Sedanstr.
Metzstr.
Bordeauxplatz
Kellerstr.
Sedanstr.
Steinstr.
Belfortstr.
HAIDHAUSEN
Rosenheimer Platz
ROSENHEIMER-PLATZ
Weißenburger Platz
Weißenburger Str.
Pariser Platz
Orleansplatz
Ostbahnhof
OSTBAHNHOF
Gravelottestr.
Pariser Str.
Lothringer Str.
lothringer 13
POST-WIESE
Orleansstraße
Balanstr.
Klingelwirt
Rosenheimer Straße
Kanerstr.
St. Wolfgangsplatz
St.Wolfgang
Franzisstr.
Rosenheimer Straße
Ludwigsbrücke
Forum am Deutschen Museum
Steinsdorfstraße
Zweibrückenstraße
Deutsches Patentamt
Th.-Wimmer-Ring
Valentin-Musäum
Isartorplatz
Isartor
ISARTOR
Lilian
Thierschstr.
Knobelstr.
Marienstr.
Tal
Rumfordstr.
Aventinstr.
Morassistr.
Kohlstr.
Baaderstr.
Europäisches Patentamt
Erhardtstraße
Museumsinsel
Deutsches Museum
Corneliusbrücke
Eduard-Schmid-Str.
Schweigerstr.
Zeppelinstr.
Lilienstr.
Am Hergottseck
Hochstr.
Hochstr.
Lilienstr.
Rablstr.
Straße
N
0
200 m

Tour 19 ☀ 🕐 Lehel

Nobeladresse: München-Lehel

St.-Anna-Platz › St.-Anna-Straße › Maximilianstraße › Museum Fünf Kontinente › Thierschstraße › Lukaskirche › Mariannenplatz

Start: Ⓗ **Lehel (Ⓤ 4, 5)**
Ziel: Ⓗ **Isartor (Ⓢ alle)**
Wann: **Do ab ca. 11 Uhr Bauernmarkt am St.-Anna-Platz**
Distanz: **0,7 km**

Der Spaziergang führt durch ein bürgerliches Wohnviertel an der Isar mit hochherrschaftlichen Mietshäusern und prächtigen Stuckfassaden aus der Gründerzeit.

Klosterkirche St. Anna

Der **St.-Anna-Platz** ist das Herz des Stadtviertels Lehel: Hier spielen Kinder, laden Bänke unter hohen Bäumen zum Ausruhen ein, hier wird donnerstags Markt abgehalten, man trifft sich in der Mittagspause oder nach Büroschluss auf der Terrasse des kleinen, beliebten Feinkostgeschäfts und Restaurants **Gandl** 1 (So geschl.). Die wuchtige neoromanische Pfarrkirche **St. Anna** 2 von Gabriel von Seidl beherrscht den Platz. Aufmerksamkeit verdient jedoch vor allem die gegenüberliegende **Klosterkirche St. Anna** 3, die als frühes Meisterwerk des süddeutschen Rokoko gilt. Am St.-Anna-Platz im **Haus Nr. 2** 4 verbrachte der Schriftsteller Lion Feuchtwanger seine Kindheit. Seine Familie gehörte zum jüdischen Großbürgertum der Stadt. In seinem Roman »Erfolg« schilderte Feuchtwanger 1930 den Aufstieg der bayerischen Nationalsozialisten zu Beginn der 1920er-Jahre.

Folgt man der **St.-Anna-Straße** nach Süden, so fällt auf der linken Seite ein elegantes Stadthaus auf, das Hotel **Opéra** 5 (s. Hotels, S. 132). Sie sollten einen Blick in den italienisch angehauchten Arkadenhof werfen, wo es sich herrlich frühstücken lässt. Was man nicht sieht – allenfalls hört – ist der Eisbach, der unter dem Haus durchfließt. Ursprünglich beherbergte das Haus Ende der 1890er-Jahre ein Delikatessengeschäft, im kalten Eisbach wurden Fische und Hummer frisch gehalten.

Die angrenzende Bürgerhauszeile gibt noch eine Vorstellung von der ursprünglichen Bebauung des alten Stadtteils, bevor die Gründerzeit ihre riesigen Stadtpaläste hochzog. Durch die hohen Torbögen der **Regierung von Oberbayern** 6 gelangt man auf die Maximilianstraße. Das von Friedrich Bürklein erbaute Haus für die Regierung ist mit seinen neogotischen Kathedralfenstern und Spitzbogen-Arkaden typisch für den historisierenden Baustil Maximilians II.

In der Architektur der **Maximilianstraße** wurden Elemente verschiedener Stilepochen wie Neogotik und Renaissance vereint, was bei den Münchner Bürgern damals auf viel Kritik und Spott stieß. In dem architektonischen Pendant gegenüber dem Regierungsgebäude ist das **Museum Fünf Kontinente** 7 untergebracht. Mächtige Atlanten rahmen das Eingangsportal. Die Sammlungen zur Kunst und Kultur aus Ostasien, Ozeanien und Südamerika gehören zu den bedeutendsten Europas. Einige

> Decken Sie sich auf dem **Bauernmarkt** mit hausgemachten Teigwaren und himmlischem Gebäck für zu Hause ein. Den leckeren Apfelstrudel am besten sofort vernaschen.
> • St.-Anna-Platz, Do 13–18 Uhr

Exponate gehen auf die Forschungsreisen der Wittelsbacher Prinzessin Therese von Bayern zurück (Di–So 9.30–17.30 Uhr).

Kurz vor der Isarbrücke erinnert das **»Max Zwo«-Denkmal** an König Maximilian II., der seine Prachtavenue um die Mitte des 19. Jhs. in Auftrag gegeben hatte. Mit dieser Wittelsbacher Straßenschöpfung erhielt München erstmals eine städtebauliche Öffnung nach Osten, über die Isar hinaus. Am Denkmal vorbei geht es in die **Thierschstraße** mit ihren prächtigen Gründerzeitfassaden.

Wer sich in punkto Inneneinrichtung noch stilsichere Anregungen holen oder sich individuell beraten lassen möchte, steuert an der **Lukaskirche** 8 vorbei, die mit ihrer mächtigen Neorenaissancekuppel wie eine Theaterkulisse wirkt, den schönen, loftartigen Laden **Thiersch 15** von Architektin Bettina Schreyer an (www.thiersch15.de). In der Boutique **Lilian** findet man feminine Mode, z. B. aus Dänemark, und ausgefallenes italienisches Design (s. Shopping, S. 142). Wo die Thierschstraße die Zweibrückenstraße kreuzt, geht es links zur Ⓗ Isartor. Wer Appetit bekommen hat, biegt nach rechts zum **Isartorplatz** ab. Fantastische Burger gibt es bei **Hans im Glück** 9, wo man zwischen Birkenstämmen sitzt (Nr. 8, tgl. ab 11 Uhr, www.hansimglueck-burgergrill.de).

Tour im Anschluss: Tour 7 (ab Isartor)

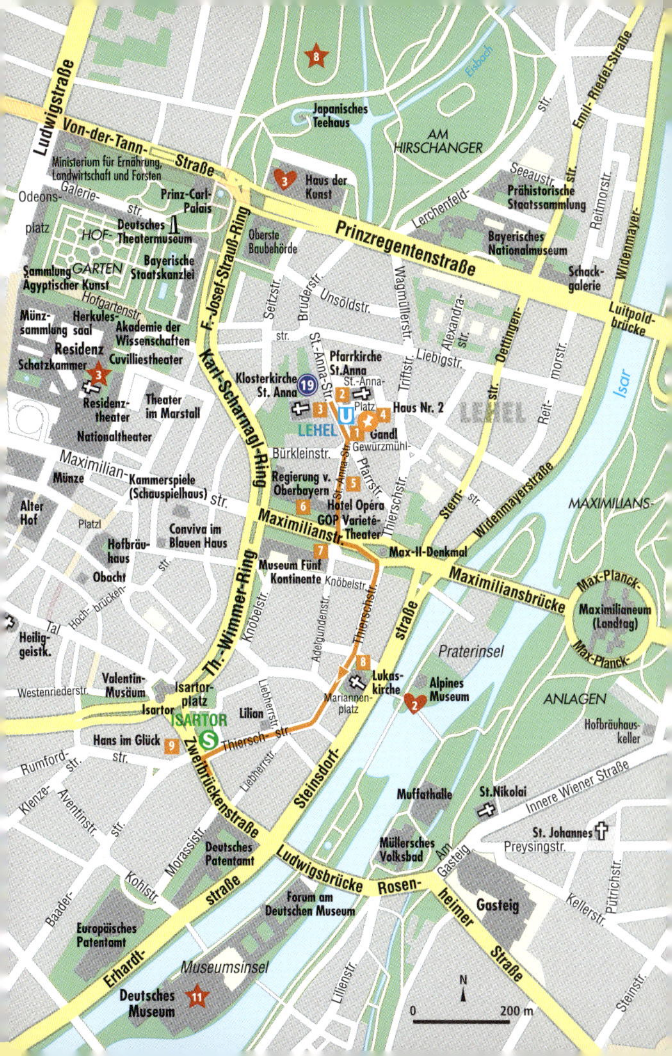

Ludwigstraße
Von-der-Tann-Straße
Ministerium für Ernährung, Landwirtschaft und Forsten
Prinz-Carl-Palais
Haus der Kunst
Japanisches Teehaus
AM HIRSCHANGER
Eisbach
Emil-Riedel-Straße
Seeaustr.
Prähistorische Staatssammlung
Lerchenfeldstr.
Reitmorstr.
Widenmayerstr.
Odeonsplatz
Galeriestr.
Deutsches Theatermuseum
HOFGARTEN
Oberste Baubehörde
Prinzregentenstraße
Bayerisches Nationalmuseum
Schackgalerie
Bayerische Staatskanzlei
Sammlung Ägyptischer Kunst
Hofgartenstr.
F.-Josef-Strauß-Ring
Seitzstr.
Bruderstr.
Unsöldstr.
Wagmüllerstr.
Alexandrastr.
Oettingenstr.
Luitpoldbrücke
Münzsammlung
Herkulessaal
Akademie der Wissenschaften
Residenz
Schatzkammer
Cuvilliestheater
Pfarrkirche St. Anna
Liebigstr.
Triftstr.
Klosterkirche St. Anna
St.-Anna-Str.
St.-Anna-Platz
Haus Nr. 2
LEHEL
Isar
Residenztheater
Theater im Marstall
Karl-Scharnagl-Ring
Gandl
Gewürzmühlstr.
Nationaltheater
Bürkleinstr.
Pfarrstr.
Maximilianstr.
Münze
Kammerspiele (Schauspielhaus)
Regierung v. Oberbayern
Thierschstr.
Sternstr.
Widenmayerstraße
MAXIMILIANSANLAGEN
Alter Hof
Platzl
Conviva im Blauen Haus
Hotel Opéra
GOP Varieté-Theater
Maximilianstr.
Max-II-Denkmal
Hofbräuhaus
Museum Fünf Kontinente
Knöbelstr.
Maximiliansbrücke
Max-Planck-Str.
Maximilianeum (Landtag)
Obacht
Hochbrückenstr.
Th.-Wimmer-Ring
Adelgundenstr.
Steinsdorfstraße
Tal
Heiliggeistk.
Praterinsel
Valentin-Musäum
Isartorplatz
Lukaskirche
Mariannenplatz
Alpines Museum
Westenriederstr.
Isartor
ISARTOR
Lilian
Liebherrstr.
Hofbräuhauskeller
Hans im Glück
Thierschstr.
Rumfordstr.
Zweibrückenstraße
Klenzestr.
Aventinstr.
Muffathalle
St. Nikolai
Innere Wiener Straße
St. Johannes
Preysingstr.
Müllersches Volksbad
Am Gasteig
Morassistr.
Deutsches Patentamt
Ludwigsbrücke
Rosenheimer Straße
Kohlstr.
Forum am Deutschen Museum
Gasteig
Kellerstr.
Pütrichstr.
Baaderstr.
Europäisches Patentamt
Erhardtstraße
Museumsinsel
Lilienstr.
Deutsches Museum
Steinstr.
N
0
200 m

Tour 20 — Bogenhausen

Prachtstraße und Museumsmeile

Prinzregentenstraße › Haus der Kunst › Friedensengel › Villa Stuck › Prinzregentenplatz

Start:	Ⓗ Haus der Kunst (Tram 18)
Ziel:	Ⓗ Prinzregentenplatz (Ⓤ 4, 5)
Wann:	Wochenende, werktags herrscht zu viel Verkehr; montags hat nur das Haus der Kunst geöffnet
Distanz:	1,3 km

Der Spaziergang folgt der Straßenachse, die Prinzregent Luitpold zum Isarhochufer anlegen ließ. Die letzte Wittelsbacher Straßenschöpfung ist eine wahre Museumsmeile, bietet aber auch ganz andere Perspektiven.

Bayer. Nationalmuseum

Nach Überqueren der Prinzregentenstraße steuert man am Südrand des Englischen Gartens das **Haus der Kunst** 1 ♥3 an. Der neoklassizistische Kunsttempel, von Paul Ludwig Troost als erster Repräsentationsbau der Nationalsozialisten in München errichtet (s. Tour 8), zeigt vor allem zeitgenössische Kunst in seinen Wechselausstellungen (www.hausderkunst.de). Nicht nur bei Nachtschwärmern ist die **Goldene Bar** im Haus beliebt (s. Nightlife, S. 146).

Von der Brücke neben dem Haus der Kunst bewundern Zuschauer die Eisbach-Surfer, die sich bei fast jedem Wetter in die eisigen Fluten stürzen. Nächste Station auf der Prinzregentenstraße stadtauswärts ist das **Bayerische Nationalmuseum** 2, eines der großen europäischen Museen mit umfassenden Sammlungen zur Kunst- und Kulturgeschichte. Eine besondere Attraktion ist die weltweit einzigartige Krippensammlung (Di bis So 10–17, Do bis 20 Uhr). Wer hätte das gedacht: Hinter den Mauern, die den schlossartigen Museumskomplex von der Straße abtrennen, verbirgt sich eine Oase aus Innenhöfen und grünen Inseln – mittendrin das schicke Restaurant **Bayerisches Nationalmuseum** mit einer Sonnenterrasse, die im Sommer auch zu einer Museumspause mit Kaffee und Kuchen verlockt. Ein paar Häuser weiter residiert in dem ehemaligen Palais der Preußischen Gesandtschaft die **Sammlung Schack** 3, benannt nach dem Grafen, dessen bedeutende Privatsammlung deutscher Kunst des 19. Jhs. Werke u. a. von Böcklin, Feuerbach, Spitzweg und Lenbach umfasst (Mi–So 10–18 Uhr, www.sammlungschack.de).

Herrschaftlich ist der Brückenschlag über die Isar zur Parkanlage hinauf gestaltet: mit Brückenfiguren, die die Stämme Bayerns personifizieren, Terrassen, Springbrunnen, Freitreppen und dem von weithin golden leuchtenden **Friedensengel** 4 als Fluchtpunkt der Prinzregentenstraße. Ein Ort, der zum Feiern wie geschaffen scheint: An Silvester trifft man sich zum Schauen und Staunen, und im Juli lädt das Friedensengelfest mit einem kleinen Biergarten rund um die Fontäne zum Tanzen ein. Sieg und Frieden? Ausgerechnet die Siegesgöttin Nike war das Vorbild für dieses herausragende Friedensdenkmal, das 25 Jahre nach dem deutsch-französischen Krieg von 1870/71 errichtet wurde.

Nur wenige Hundert Meter sind es von hier zum **Museum Villa Stuck** 5, das in der Villa des Malerfürsten Franz von Stuck

Friedensengel

eingerichtet ist. Von den Wandbildern bis zu den Möbeln trägt das Künstlerhaus seine persönliche Handschrift und ist als Gesamtkunstwerk ein bedeutendes Zeitdokument eines erfolgreichen Künstlerlebens im Fin-de-Siècle. Das Museum zeigt wechselnde Ausstellungen zum Jugendstil sowie zur modernen und zeitgenössischen Kunst (Di–So 11–18 Uhr; an jedem ersten Freitag im Monat zusätzlich 18–22 Uhr bei freiem Eintritt; www.villa stuck.de).

> **MAL PAUSE MACHEN**
> Riecht gut und macht Appetit! Im **Feinkostladen von Käfer** zwischen Patisserie-Kunstwerken und Kräuterinseln Marktatmosphäre genießen und sich im Bistro auf einen Kaffee niederlassen.
> • Mo–Do 9.30–20, Sa 8.30–16 Uhr

Hat man die Ismaninger Straße überquert, kann man zur Linken die noble Fassade von **Feinkost Käfer** 6 kaum übersehen. Zum Stammhaus gehört das angeschlossene Bistro und das modern gestaltete Restaurant **Käfer-Schänke** (Prinzregentenstr. 73, Mo–Sa 11.30 bis 23 Uhr).

Rechter Hand liegt das **Prinzregentenstadion** 7, das »Prinze«, wie es von den Münchnern liebevoll genannt wird. Im Winter wird es zum Eislaufen (hoher Anbandel-Faktor bei den Teenagern), im Sommer als familiäres Freibad genutzt.

In unmittelbarer Nachbarschaft fällt am Prinzregentenplatz der repräsentative Jugendstilbau des **Prinzregententheaters** 8 auf. Als Festspielhaus für Wagner-Opern 1901 eröffnet, ist das Haus heute Sitz der von August Everding gegründeten Bayerischen Theaterakademie und wird von den staatlichen Bühnen Münchens wechselnd bespielt. Das Theaterrestaurant **Prinzipal** wird von Fernseh- und Sternekoch Alfons Schuhbeck geführt (s. Nightlife, S. 148).

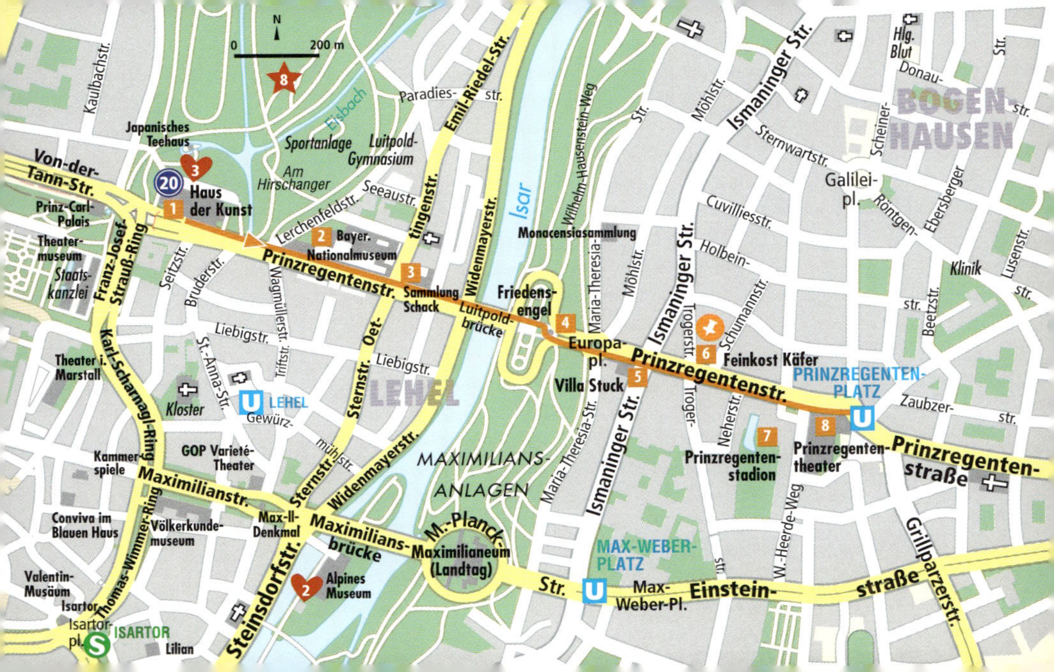

N
0
200 m
Kaulbachstr.
Japanisches Teehaus
Von-der-Tann-Str.
Haus der Kunst
Prinz-Carl-Palais
Theatermuseum
Staatskanzlei
Franz-Josef-Strauß-Ring
Karl-Scharnagl-Ring
Thomas-Wimmer-Ring
Theater i. Marstall
Kloster
Kammerspiele
GOP Varieté-Theater
Maximilianstr.
Conviva im Blauen Haus
Völkerkundemuseum
Max-II-Denkmal
Valentin-Musäum
Isartor
Isartorpl.
ISARTOR
Lilian
Steinsdorfstr.
Alpines Museum
Maximiliansbrücke
Maximilianeum (Landtag)
M.-Planck-Str.
Sportanlage
Am Hirschanger
Eisbach
Luitpold-Gymnasium
Paradies-str.
Emil-Riedel-Str.
Seeaustr.
Lerchenfeldstr.
tingenstr.
Bayer. Nationalmuseum
Prinzregentenstr.
Sammlung Schack
Seitzstr.
Bruderstr.
Wagmüllerstr.
Liebigstr.
St.-Anna-Str.
Triftstr.
LEHEL
Gewürzmühlstr.
Oettingenstr.
Sternstr.
Widenmayerstr.
Isar
Luitpoldbrücke
Friedensengel
Monacensiasammlung
Wilhelm-Hausenstein-Weg
Maria-Theresia-Str.
Europa-pl.
Villa Stuck
Möhlstr.
Ismaninger Str.
MAXIMILIANS-ANLAGEN
MAX-WEBER-PLATZ
Max-Weber-Pl.
Einsteinstraße
Trogerstr.
Schumannstr.
Feinkost Käfer
Neherstr.
Prinzregentenstadion
W.-Heerde-Weg
PRINZREGENTEN-PLATZ
Prinzregententheater
Prinzregentenstraße
Zaubzerstr.
Grillparzerstr.
Holbein-str.
Cuvilliesstr.
Sternwartstr.
Galileipl.
Röntgenstr.
Ebersberger Str.
Klinik-str.
Beetzstr.
Lusenstr.
Scheinerstr.
BOGENHAUSEN
Donau-str.
Hlg. Blut

Tour 21 ☀ ◐ Bogenhausen

Vom Pfarrdorf zum Nobelort

Maximilianeum › Denkmal König Ludwigs II. › Maria-Theresia-Straße › Hildebrandhaus › Wilhelm-Hausenstein-Weg › St. Georg › Thomas-Mann-Allee

Start:	Ⓗ **Maximilianeum (Tram 18)** oder
	Ⓗ **Max-Weber-Platz** (Ⓤ 4, 5)
Ziel:	Ⓗ **Mauerkircherstraße (Tram Linie 17)**
Wann:	auch am Wochenende zu jeder Jahreszeit
Distanz:	2,1 km

Mit prominenten Namen wie Thomas Mann, Rainer Werner Fassbinder, Wilhelm Conrad Roentgen oder Liesl Karlstadt lockt dieser Spaziergang. Er führt durch die Buchenhaine der Maximiliansanlagen vorbei an prächtigen Villen zu der alten Pfarrkirche von Bogenhausen mit ihrem idyllischen Friedhof.

Maximilianeum

Im Rückgebäude des **Maximilianeums** 1 hat die von König Max II. gegründete Studienstiftung für Hochbegabte ihren Sitz; ursprünglich nur jungen Männern des Landes vorbehalten. Erst 1980 erkannte das Haus Wittelsbach, dass sich die Zeiten geändert hatten, und ließ auch Frauen zu. Auch die Wohnungen der Stipendiatinnen und Stipendiaten befinden sich dort. Rechts von der Parkanlage beginnt die **Maria-Theresia-Straße,** eine alte Bogenhauser Villenstraße. Das einst verträumte Pfarrdorf über den Isarauen wurde in der Spätgründerzeit zu einem repräsentativen Villenviertel ausgebaut. Gleich zu Anfang fällt die »Zuckerbäcker«-Architektur des kleinen, feinen Hotels und Restaurants **Ritzi** 2 (s. Hotels, S. 133) im schönsten Art-déco-Stil ins Auge. Auf der gegenüberliegenden Straßenseite geht es unter alten Bäumen in den Park der **Maximiliansanlagen,** die sich entlang der Isar und ihres Hochufers erstrecken.

Auf dem Spaziergang trifft man auf das bronzene **Denkmal König Ludwigs II.** 3. Einer Vision des Märchenkönigs folgend, sollte an dieser Stelle ein Festspielhaus für Richard Wagner entstehen, verbunden durch eine Prachtstraße mit der Residenz und der Wohnung des Komponisten in der Brienner Straße. Der Rest ist Geschichte, und das Festspielhaus endete in Bayreuth.

Wer den Weg von hier aus durch die **Maria-Theresia-Straße** fortsetzt, kommt noch an einigen alten Villen vorbei wie zum Beispiel dem **Haus Nr. 4** mit prächtiger Stuckfassade oder dem einstigen Domizil von Wilhelm Conrad Roentgen, **Haus Nr. 11.**

Nach Überquerung des Europaplatzes ist die nächste Station das von Gabriel von Seidl entworfene **Hildebrandhaus** 4, ein Künstlerwohnsitz vom Ende der 1890er-Jahre (Haus Nr. 23). Der Bildhauer Adolf von Hildebrand schuf in München zahlreiche Brunnen und Denkmäler; auch die Skulpturen im Garten und Haus stammen von seiner Hand. Die prächtige Villa ist Sitz der **Monacensia,** des Literaturarchivs der Stadt München und der öffentlich zugänglichen Bibliothek zum Thema München. »Von der Boheme ins Exil« heißt die neue Dauerausstellung über das literarische München und den Schriftsteller Thomas Mann.

MAL PAUSE MACHEN

Auf den **Parkbänken** an der Hangkante zur alten **Pfarrkirche St. Georg** hat man bis in den Abend hinein Sonne und genießt dörfliches Flair – mit Blick über den grünen Wiesengrund und auf den Zwiebelturm.

Gegenüber taucht man wieder in den Park ein und folgt dem **Wilhelm-Hausenstein-Weg** entlang der Hangkante zu der alten Pfarrkirche **St. Georg** 5 im ehemaligen Ortskern von Bogenhausen. Die zierlichen schmiedeeisernen Grabkreuze, zwischen denen im Sommer Rosen ranken, verstärken den Eindruck eines ländlichen Idylls. Viel Prominenz hat auf dem **Friedhof** ihre letzte Ruhestätte gefunden, u. a. der Dirigent Hans Knappertsbusch, die Schriftsteller Oskar Maria Graf, Erich Kästner und Annette Kolb, die Schauspielerin Elisabeth Wellano alias Liesl Karlstadt, der Filmemacher Rainer Werner Fassbinder. Die Rokoko-Kirche ist im Inneren mit Werken von Ignaz Günther und Johann Baptist Straub ausgestattet; über dem Altar bäumt sich ein stolzes weißes Ross und zeigt den hl. Georg im Kampf mit dem Drachen. Wenn man aus dem Friedhof heraustritt, führt der Weg rechts den Hang hinunter über den Bach durch die **Montgelasstraße** zur Trambahnhaltestelle.

Wer noch Kondition hat, kann einen Abstecher in die **Thomas-Mann-Allee** machen, die kurz vor der Isarbrücke nach rechts abzweigt. An der Ecke zur Poschinger Straße lässt sich die rekonstruierte **Thomas-Mann-Villa** 6 von außen besichtigen (Thomas-Mann-Allee 10). Dort lebte der Autor mit seiner Familie von 1914 bis zu seiner Emigration im Jahre 1933. In seiner Novelle »Herr und Hund« schildert Thomas Mann das Haus und die Spaziergänge mit seinem Hund an der Isar und im angrenzenden Herzogpark.

ENGLISCHER GARTEN

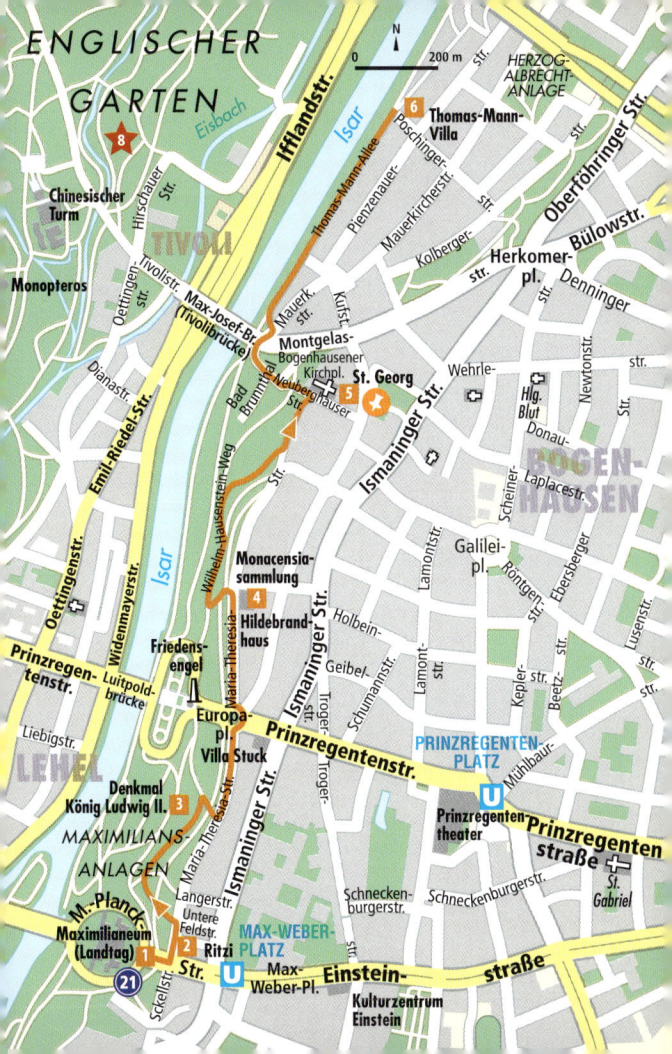

8

Chinesischer Turm

Monopteros

TIVOLI

Eisbach

Hirschauer Str.

Oettingen- Tivolistr. str.

Max-Josef-Br. (Tivolibrücke)

Ifflandstr.

Isar

Thomas-Mann-Allee

6 Thomas-Mann-Villa

Paschinger str.

Pienzenauer str.

Mauerkircherstr.

Kolberger str.

HERZOG-ALBRECHT-ANLAGE

Oberföhringer Str.

Herkomer-pl.

Bülowstr.

Denninger str.

Montgelas-Bogenhausener Kirchpl.

5 St. Georg

Neuberghauser Str.

Mauerk. str.

Kufst. str.

Ismaninger Str.

Wehrle- str.

Hlg. Blut

Donau- str.

Newtonstr.

BOGENHAUSEN

Laplacestr.

Dianastr.

Emil-Riedel-Str.

Oettingenstr.

Widenmayerstr.

Isar

Bad Brunnt.

Wilhelm-Hauenstein-Weg

Monacensia-sammlung

4 Hildebrand-haus

Maria-Theresia-Str.

Scheiner str.

Galilei-pl.

Lamontstr.

Röntgen str.

Ebersberger str.

Kepler- str.

Beetz- str.

Lusenstr.

str.

Prinzregentenstr.

Liebigstr.

LEHEL

Luitpoldbrücke

Friedens-engel

Europa-pl. Villa Stuck

Prinzregentenstr.

Ismaninger Str.

Holbein- str.

Geibel- str.

Troger- str.

Schumannstr.

Mühlbaur- str.

PRINZREGENTEN-PLATZ

Prinzregenten-theater

Prinzregenten straße

St. Gabriel

Denkmal König Ludwig II. **3**

MAXIMILIANS-ANLAGEN

Maria-Theresia-Str.

Ismaninger Str.

Langerstr.

Untere Feldstr.

Schnecken-burgerstr.

Schneckenburger str.

Maximilianeum (Landtag)

M.-Planck- str.

1

2 Ritzi

Max-Weber-Pl.

Einstein- straße

MAX-WEBER-PLATZ

Kulturzentrum Einstein

21

Tour 22

Gärtnerplatzviertel

Kultmeile zum Shoppen und Ausgehen

Reichenbachstraße › Gärtnerplatz › Klenzestraße › Hans-Sachs-Straße

Start:	Ⓗ Fraunhoferstraße (Ⓤ 1, 2, 7)
Ziel:	Ⓗ Fraunhoferstraße (Ⓤ 1, 2, 7)
Wann:	zu Geschäftszeiten oder abends; besonders stimmungsvoll am Gärtnerplatz zum Sundowner
Distanz:	2 km

Das Glockenbachquartier rund um den Gärtnerplatz ist Münchens angesagtes Kreativviertel. Designer, Künstler und alternative Läden haben sich hier ebenso angesiedelt wie jede Menge Kneipen von gay bis hetero. Jenseits der Frauenhoferstraße kann man gründerzeitliche Prachtfassaden neben Werkzeugfabriken und idyllischen Hinterhöfen entdecken. Um die Müllerstraße herum hat die Schwulen- und Lesbenszene ihr Zentrum.

Am Gärtnerplatz

Wie die Strahlen eines Sterns zweigen alle Straßen vom Gärtnerplatz in das Viertel ab. In der **Reichenbachstraße,** die auf den Platz mündet, kann man eine der aktuellen Ausstellungen zur internationalen Gegenwartskunst in der **Galerie Karl Pfefferle** 1 besuchen (Reichenbachstr. 47–49, im Hof, www.galeriekarlpfefferle.de). Der **Trachtenvogl** im Vorderhaus erinnert an eine Wohnzimmerkneipe im 60er-Jahre-Retrostil, in der man unter Hirschgeweihen und Kuckucksuhren sitzt. Um die Ecke, in der Baaderstraße 53, betreibt die Jazzsängerin **Tricia Leonard** ihren kleinen Laden für Vintagemode und -accessoires (Mo/Di geschl.). Nebenan verkauft **glore fashion + baby** sozial- und umweltverträgliche Mode von Designerhand. Das Herz des Viertels bildet der **Gärtnerplatz** 2. Mit seinem Blumenrondell und dem Brunnen in der Mitte ist er ein wahres Schmuckstück. Cafés und Restaurants säumen mit ihren Sonnenterrassen rundherum den Platz. Extravagante und teure Schuh- und Modeläden, wie zum Beispiel **Slips** (s. Shopping, S. 144), laden zum Shoppingbummel ein.

Prächtigstes Haus am Platz ist das 1865 erbaute **Gärtnerplatztheater** 3, in dem Opern-, Musical- und Ballettaufführungen stattfinden (www.staatstheater-am-gaertnerplatz.de – momentan in wechselnden Spielstätten aufgrund von Renovierungsarbeiten).

Im Umkreis von Klenze-, Cornelius-, Baader- und Reichenbachstraße machen Bars und Kneipen, wie zum Beispiel das kultige **Holy Home**, jede Nacht zum Tag. Ob Highheels oder Abendrobe – auf der Suche nach Designeranfertigung wird man in der **Klenzestraße** fündig – vor lila und nachtblauer Kulisse im Luxustempel von **Talbot Runhof** (Nr. 41) oder im charmanten Hinterhof- und Werkstatthallen-Ambiente von **Heels Angels** (Nr. 45; www.heels-angels.de).

Wie ein (bayerisches) Fossil nimmt sich der **Fraunhofer** 4 aus, an dem sowohl das hippe Szenetreiben als auch der Lärm des vorbeitosenden Verkehrs abzuprallen scheinen. Bodenständige Küche zu moderaten Preisen gibt es vorne in der Wirtschaft; und hinten im Hof bietet die Bühne, auf der schon Jörg

Hube oder Sigi Zimmerschied auftraten, Musik und Kabarett (Fraunhoferstr. 9, www.fraunhofertheater.de). Gegenüber geht es in die Jahnstraße, der man rechts in die Ickstatt- und in die Hans-Sachs-Straße ins **Glockenbachviertel** folgt. Ehemals ein einfaches Bürgerviertel, das im Zweiten Weltkrieg große Schäden erlitt, verwandelte sich das Glockenbachviertel in den 1990er-Jahren in eines der angesagtesten Viertel Münchens – mit entsprechend sprunghaft gestiegenen Mietpreisen. Der Glockenbach, für die Namensgebung verantwortlich, wurde wie viele andere Stadtbäche gänzlich in den Untergrund verbannt.

Der unter Denkmalschutz stehende Straßenzug der **Hans-Sachs-Straße** 5 fällt mit seinen prächtigen Gründerzeitfassaden auf und verlockt mit Geschäften, Cafés, Restaurants und einem Kino zum Schauen, Shoppen und Genießen. Das entspannte und nachbarschaftliche Flair dieses Quartiers kann man an einem lauen Sommerabend erleben: kaum eine Hausecke (z. B. Westermühl-/Jahnstraße), an der nicht alle paar Meter trendige Bars und Lokale einladen. Feine französische Küche gibt es im **La Bouche,** die besten Frühlingsrollen im **An Nam,** leckeren Nachtisch mit Espresso in der **Cordobar** und in der **Götterspeise,** bayerische Wirtshauskultur direkt gegenüber im **Faun**. Beachtenswert sind auch **Cooperativa** 6, Bar und Restaurant mit rustikalem Fabrik-Flair (s. Restaurants, S. 136) und das kleine originelle **Maria** 7 an der Ecke Baum- und Klenzestraße (s. Restaurants, S. 137).

Durch die Palm- und Auenstraße, vorbei an der neoromanischen Pfarrkirche St. Maximilian, und die Baaderstraße geht es zurück zur Ⓗ Fraunhoferstraße.

> **MAL PAUSE MACHEN**
> Die Café & Chocolaterie **Götterspeise** verführt mit liebevoll verpackten Leckereien und zum Kaffee gibt es feine Tartes und Gebäck.
> • Jahnstraße 30
> Mo–Fr 8–19,
> Sa/So 9–18 Uhr

Sonnenstraße
Sendlinger Tor
Sendlinger-Tor-Platz
SENDLINGER TOR
Asamkirche
St.-Jakobs-Pl.
Stadtmuseum
Viktualienmarkt
Schrannenhalle
Valentin-Musäum
Isartorplatz
Isartor
ISARTOR
Zweibrückenstraße
Frauenstraße
Blumenstr.
Oberanger
Cornelius-str.
Angerkloster
Team-Theater
Rumford-str.
Pettenkofer-str.
Mathilden-str.
Goethestr.
Schiller
Nußbaumstr.
St. Matthäus
Feuerwehrmuseum
Unterer Anger
Blumen-str.
St. Wilibrord
Marion.-th.
Corneliusstr.
Klenze-str.
Gärtnerplatz
Slips
Gärtnerplatztheater
Baaderstr.
Morassistr.
Deutsches Patentamt
Lindwurmstraße
Müllerstr.
Fraunhofer
Fraunhofer-straße
Reichenbach-
Cornelius-str.
Europäisches Patentamt
Museumsinsel
Deutsches Museum
Erhardt-straße
Reisingerstr.
Pestalozzi-str.
Holzstr.
Hans-Sachs-Str.
Jahn-Ickstatt-str.
Galerie Karl Pfefferle
FRAUNHOFER-STRASSE
Erhardtstraße
Cornelius-brücke
GOETHE-PLATZ
Goetheplatz
Ringseisstr.
Walther-str.
Maistr.
Frauenlobstr.
Thalkirchner Str.
Westermühlstr.
Götterspeise
Cooperativa
Klenzestr.
Westermühlstr.
Baaderstr.
St. Maximilian
Reichenbach-brücke
Schweigerstraße
ISAR-VORSTADT
Tumblingerstr.
ALTER SÜDLICHER FRIEDHOF
Häberlstr.
Am Glockenbach
Maria
Jahn-Baum-str.
Arndtstr.
Klenzestr.
Auen-straße
Wittelsbacher-straße
Isar
FRÜHLINGSANLAGEN
Eduard-Schmid-Str.
Asam str.
Asamstr.
Ohlmüllerstraße
Falkenstraße
AU
Mariahilfkirche
Agentur für Arbeit
Schlachthof
Kapuziner-straße
Kapuzinerkloster
Pestalozzi-
N
0
200 m

Tour 23 ☀ 🕐 Au

Die Au und ihr Stadtbach

Mariahilfplatz › Mariahilfstraße › Zeppelinstraße › Geburtshaus Karl Valentins › Franz-Prüller-Straße › Auer Mühlbach › Nockherberg

Start:	Ⓗ Schweigerstraße (Bus 52 vom Marienplatz aus)
Ziel:	Ⓗ Ostfriedhof (Tram N27, 17, 15 und 25)
Wann:	am besten während der Auer Dult, die dreimal im Jahr stattfindet
Distanz:	1,7 km

Unter schattigen Kastanienbäumen im Biergarten sitzen oder über die Auer Dult bummeln – das verbindet man heute gerne mit dem an der Isar gelegenen Stadtteil Au. Durchzogen wird er vom Auer Mühlbach, dem einstigen Lebensnerv der früheren Ansiedlung von Handwerkern und Tagelöhnern.

Der Duft von gebrannten Mandeln liegt am **Mariahilfplatz** 1 in der Luft, wenn wieder Dult ist. Um die neogotische **Mariahilfkirche** herum findet drei Mal im Jahr die traditionsreiche **Auer Dult** 💚 statt, ein Geschirr- und Trödelmarkt mit Volksfestcharakter. Fahrgeschäfte wie das kleine Riesenrad, Schiffschaukel, Wurfbuden und der Kasperl von der Au mit seinem Theater laden die Kinder zu ihrem Spaß ein. Unter schattigen Kastanienbäumen gibt es typische Volksfest-Schmankerln. Zweimal in der Woche

Auer Dult

herrscht Markttreiben auf dem Mariahilfplatz – mittwochvormittags wird Bauernmarkt und samstagvormittags Wochenmarkt abgehalten.

Wer den Abstecher über die **Mariahilfstraße** zum **Café Hüller** (Eduard-Schmid-Str. 9) macht, wird mit hausgemachten Kuchen und schmackhaften Mittagsgerichten verwöhnt.

Danach passt ein Isarspaziergang, oder man erkundet weiter das Viertel: Einem prominenten einstigen Bewohner der Au ist man auf der Spur, wenn man der **Zeppelinstraße** folgt, die rechts von der Schweigerstraße abzweigt. Das **Geburtshaus Karl Valentins** 2 aus dem Jahr 1851 ist von außen zu besichtigen (Zeppelinstr. 41). Hier betrieben die Eltern eine Speditionsfirma, die Valentin Ludwig Fey alias Karl Valentin nach dem Tod des Vaters zunächst übernahm, bevor er seinen Beruf an den Nagel hängte und die Bühnenlaufbahn einschlug. Seine Fotosammlung mit Altmünchner Stadtansichten (im Valentin-Karlstadt-Musäum im Isartor, s. Tour 4) vermittelt eine Vorstellung vom Leben in der Au, die hauptsächlich von Arbeitern und Handwerkern bewohnt war. Letzte bauliche Zeugnisse dieser vorstädtischen Umgebung finden sich auch, wenn man rechts durch die kleine Straße Kreuzplätzchen geht, die Lilienstraße überquert und Am Wageck in die **Franz-Prüller-Straße** mit ihren typischen Kleinhäusern biegt.

Am ehemaligen Kloster Neudeck (heute das Landratsamt) biegt man links ab und läuft auf den **Auer Mühlbach** 3 zu. Einst gab es im Stadtgebiet zahlreiche natürliche Bäche mit einer Gesamtlänge von 17 km, die von der Isar

Auer Mühlbach

abzweigten. Sie bewegten Mühlräder und dienten als Fließendwasser für Färbereien, Gerbereien, Haus und Hof. Die meisten dieser einstigen Lebens- und Verkehrsadern wurden jedoch zubetoniert, überwölbt oder mit Kies aufgeschüttet. Erst in jüngerer Zeit hat die Stadt begonnen, einige der Wasserwege teilweise wieder freizulegen. Entlang des Auer Mühlbachs, der bis heute drei Wasserkraftwerke zur Energiegewinnung antreibt, lässt sich ein kurzes, hübsches Wegstück genießen. Ein Spaziergang entlang dem Wasser ist auch an heißen Sommertagen angenehm kühl und von stetem Wasserrauschen begleitet.

Die Hektik der Großstadt empfängt Fußgänger schon wieder an der viel befahrenen Ohlmüllerstraße, aber nur für wenige Meter, denn links führt eine steile Treppe hinauf zum Biergarten und zur Gaststätte vom **Paulaner am Nockherberg** 4 (tgl. 10 bis 1 Uhr) an der Hangkante des Isarhochufers. Ihre Anfänge kann die Brauerei bis ins 17. Jh. zurückverfolgen, als die Paulanermönche im nahen Kloster Neudeck ihr Bier als flüssiges Nahrungsmittel brauten, um über die Fastenzeit hinwegzukommen. Das Kloster gibt es nicht mehr, geblieben ist der Braubetrieb – wenn auch am Stadtrand – und das Salvator-Starkbier mit einem Alkoholgehalt von 7,5 Prozent, das im März 17 Tage lang auf dem Nockherberg ausgeschenkt wird. Bei der bekannten Show zum alljährlichen Starkbieranstich macht sich »Bruder Barnabas« über die anwesende Polit-Prominenz lustig und verschont sie nicht mit seinem bissigen Hohn und Spott.

Zur Ⓗ Ostfriedhof folgt man der Ruhe- und Hiendlmayrstraße, die in die Tegernseer Landstraße mündet.

MAL PAUSE MACHEN

Gemütlich zusammensitzen, es sich schmecken lassen und den »Herrgott einen guten Mann sein lassen« – das ist Münchner Lebensgefühl im **Biergarten vom Paulaner am Nockherberg**. Probieren Sie es aus.

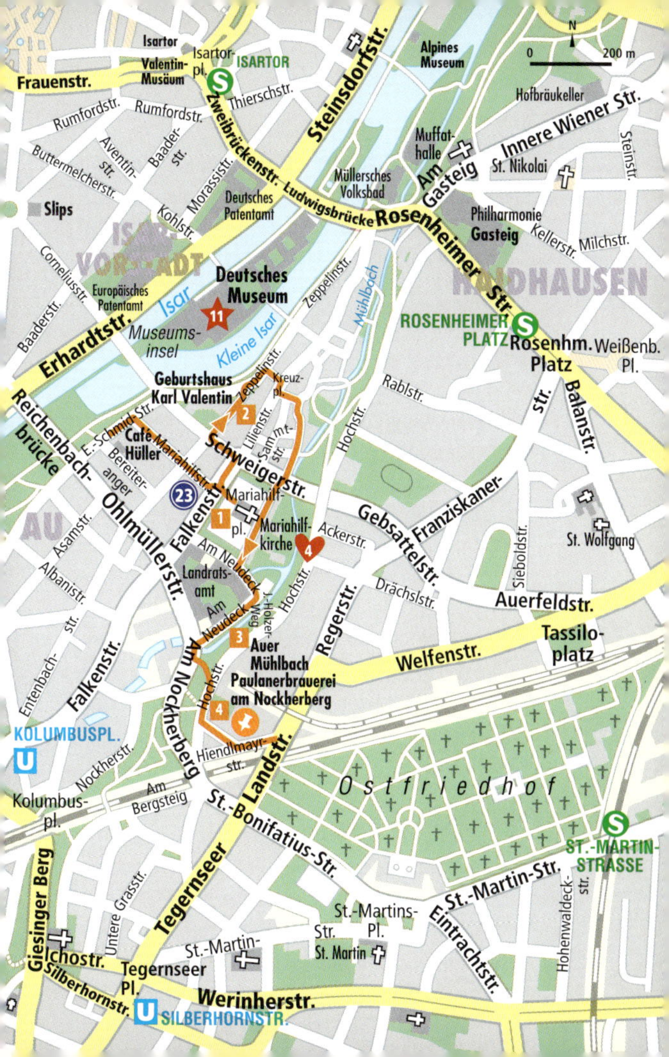

Isartor
Valentin-Musäum
Isartorpl.
ISARTOR
Frauenstr.
Thierschstr.
Steinsdorfstr.
Alpines Museum
0
200 m
N
Hofbräukeller
Innere Wiener Str.
Rumfordstr.
Rumfordstr.
Zweibrückenstr.
Aventinstr.
Baaderstr.
Buttermelcherstr.
Morassistr.
Muffathalle
Müllersches Volksbad
Am Gasteig
St. Nikolai
Steinstr.
Slips
Kohlstr.
Deutsches Patentamt
Ludwigsbrücke
Rosenheimer Str.
Philharmonie Gasteig
Kellerstr.
Milchstr.
ISARVORSTADT
HAIDHAUSEN
Corneliusstr.
Europäisches Patentamt
Isar
Deutsches Museum
11
Zeppelinstr.
Mühlbach
ROSENHEIMER PLATZ
Rosenhm. Platz
Weißenb. Pl.
Baaderstr.
Erhardtstr.
Museumsinsel
Kleine Isar
Zeppelinstr.
Kreuzpl.
Geburtshaus Karl Valentin
Rablstr.
str.
Balanstr.
Reichenbachbrücke
E.-Schmid-Str.
Café Hüller
Mariahilfstr.
2
Lilienstr.
Sammtstr.
Hochstr.
Schweigerstr.
Bereiteranger
23
Falkenstr.
Mariahilfpl.
1
Franziskanerstr.
Gebsattelstr.
AU
Asamstr.
Ohlmüllerstr.
Mariahilfkirche
4
Ackerstr.
St. Wolfgang
Am Neudeck
Landratsamt
Am Neudeck
Siboldstr.
Albanistr.
Hochstr.
J.-Holzer-Weg
Drächslstr.
Auerfeldstr.
str.
Regerstr.
Tassiloplatz
3
Auer Mühlbach
Welfenstr.
Entenbachstr.
Falkenstr.
Am Nockherberg
Hochstr.
Paulanerbrauerei am Nockherberg
4
KOLUMBUSPL.
U
Nockherstr.
Hiendlmayrstr.
Landstr.
Ostfriedhof
Kolumbuspl.
Am Bergsteig
St.-Bonifatius-Str.
ST.-MARTIN-STRASSE
Giesinger Berg
Untere Grasstr.
Tegernseer
St.-Martin-Str.
Hohenwaldeckstr.
St.-Martins-Pl.
Eintrachtstr.
St.-Martin-Str.
St. Martin
Ichostr.
Silberhornstr.
Tegernseer Pl.
Werinherstr.
U
SILBERHORNSTR.

Tour 24 ☀ ◐ Sendling

Grüne Stadtoasen im Süden

Sendlinger Tor › Alter Südfriedhof › Baldeplatz › Wittelsbacher Brücke › Isarauen › Rosengarten

Start:	Ⓗ Sendlinger Tor (Ⓤ 1, 2, 3, 6, 7)
Ziel:	Ⓗ Baldeplatz, bzw. Claude-Lorrain-Straße (Bus 58)
Wann:	bei gutem Wetter; bis auf den Rosengarten zu jeder Jahreszeit
Distanz:	1,7 km

Lust auf Grün? Vom Gartenidyll des Kulturdenkmals Alter Südlicher Friedhof gelangt man auf diesem Spaziergang über die Isar zu dem an den Flussauen gelegenen Rosengarten der Stadtgärtnerei. Auf halbem Weg verleitet das Fugazi No. 15 zur Einkehr.

Grab von Carl Spitzweg

Die hohen Backsteinmauern dämpfen den Verkehrslärm und lassen die Hektik außen vor, sobald man durch das Portal rechts der **Friedhofskapelle St. Stephan** [1] geschlüpft ist. Als ob das kurze Wegstück vom Sendlinger Tor durch die Thalkirchner Straße längst einer anderen Zeit angehörte, verlangsamt sich der Schritt unwillkürlich, und man taucht in die erholsame Stille ein, die von diesem Ort ausgeht. Ursprünglich Begräbnisstätte für Arme und Pesttote, wurde der **Alte Südfriedhof** zu Beginn des 19. Jhs. von Gustav Vorherr als Zentralfriedhof für die Toten aus dem gesamten Stadtgebiet angelegt. 1845 kam eine quadratische Erweiterung hinzu. Architekt Friedrich von Gärtner schuf die Vorhalle, die beide Areale verbindet. Seit 1944 wird hier nicht mehr bestattet. Als architektonisches und gartenbauliches Gesamtkunstwerk mit Grabdenkmälern, die aus der Zeit des Klassizismus bis zum Jugendstil stammen, steht Münchens ältester Friedhof heute unter Denkmalschutz und ist ein Parkidyll für Spaziergänger. Welche Lebensgeschichten verbergen sich wohl hinter den Inschriften, mag man sich beim Flanieren zwischen den **Gräbern** fragen. Viele berühmte Persönlichkeiten aus dem städtischen Leben haben hier ihre letzte Ruhestätte gefunden, u. a. der Maler und Apotheker **Carl Spitzweg** (Grab 5–17–10), der Erfinder und Konstrukteur Josef von Fraunhofer (Alte Arkaden 12), die Hofschauspielerin Klara Ziegler (Neue Arkaden 121), der Brauer Joseph Pschorr (Grab 9–1–19), die Architekten Friedrich von Gärtner (Neue Arkaden 175) und Leo von Klenze (Neue Arkaden 171), der Physiker Georg Simon Ohm (Grab 15–1–41), um nur einige zu nennen (www.muenchen.de oder Denkmalsauskünfte unter Tel. 23 199 282). Kostenlose Führungen bieten die Städtische Friedhofverwaltung und der Münchener Begräbnisverein an.

Im Norden (Grab 6–16–24/27) erinnert ein **Denkmal** 2 an die Sendlinger Mordweihnacht (1831) während des Spanischen Erbfolgekriegs. Hier sollen 500 Opfer der Bauernschlacht in einem Massengrab beerdigt liegen. Unter der Losung »Lieber bairisch sterben als kaiserlich verderben« hatten Bauern und Handwerker im Jahre 1705 zur Befreiung Münchens von den Habsburger Truppen geblasen. Tausende Aufständische wurden von den Truppen ermordet.

Mordweihnachts-Denkmal

Zwischen schlichten Steinblöcken und kunstvoll geschmiedeten Kreuzen rankt Efeu; auf den Wiesenstücken zwischen den Gräbern blühen Wildblumen; melancholisch dreinblickende Engelsstatuen lugen zwischen Sträuchern und Bäumen hervor. Die wuchernde Natur bietet seltenen Tieren und Pflanzen Rückzugsort (Infos über Führungen: www.lbv-muenchen.de).

Wer Lust auf einen Ortswechsel verspürt, nimmt einen der Seitenausgänge zur Pestalozzistraße und überquert auf einer der Fußgängerbrücken den Stadtbach, um der Holz- und Baldestraße bis zum **Fugazi No. 15** 3 zu folgen. Das schicke Restaurant verwöhnt mit vorwiegend italienischer Küche. Aber es gibt auch Schnitzel und Burger. Beliebt sind Eigenkreationen aus der Bar und die leckeren Torten zum Kaffee auf der Sonnenterrasse.

Je nach Jahreszeit und Witterung bietet sich noch ein Abstecher über die Isar an, auf die man einen schönen Blick von der **Wittelsbacher Brücke** aus hat. Die Steinstufen am Ostufer laden zur Pause am Wasser ein. Weiter geht es flussaufwärts auf dem Fußgängerweg entlang den Isarauen. Kurz vor der Braunauer Eisenbahnbrücke weist ein leicht zu übersehendes Schild links in den duftenden **Rosengarten** 4 der Stadtgärtnerei mit idyllischen Sitzgelegenheiten auf Blumeninseln und unter Lauben (April–Okt.; Eintritt frei).

Zurück am Ausgangspunkt Wittelsbacher Brücke gelangt man zur nächsten Bushaltestelle rechts in der Humboldtstraße auf Höhe der Claude-Lorrain-Straße.

Rosengarten

MAL PAUSE MACHEN

Im **Rosengarten** kann man in Farben und Düften schwelgen. Auf den Wiesen der benachbarten Städtischen Baumschule lässt es sich bestens picknicken!

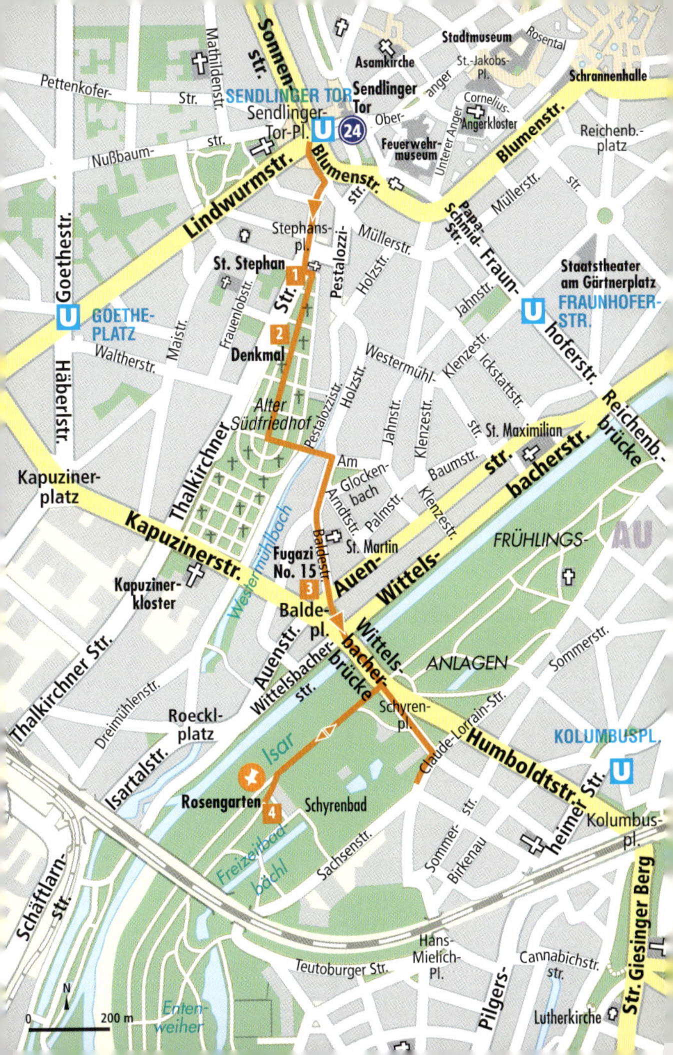

Sendlinger Tor
Sendlinger-Tor-Pl.
24
Stadtmuseum
Asamkirche
St.-Jakobs-Pl.
Schrannenhalle
Angerkloster
Feuerwehrmuseum
Reichenb.-platz
Staatstheater am Gärtnerplatz
Fraunhofer-Str.
Goethe-Platz
St. Stephan
Denkmal
Alter Südfriedhof
St. Maximilian
Kapuzinerplatz
Kapuzinerkloster
Fugazi No. 15
St. Martin
Frühlings-Anlagen
AU
Kolumbuspl.
Rosengarten
Schyrenbad
Lutherkirche
Entenweiher
Isar
1
2
3
4
0
200 m

Tour 25 ☀ ◐ Schlachthofviertel

Buntes Flair im Quartier der Kreativen

Schmellerstraße › Zenettistraße › Adlzreiterstraße › Roecklplatz › Großmarkt › Gotzinger Platz

Start: Ⓗ Poccistraße (Ⓤ 3, 6)
Ziel: Ⓗ Implerstraße (Ⓤ 3, 6)
Wann: während der Ladenöffnungszeiten
Distanz: 3,3 km

Zu den jungen Kreativen des Viertels führt der Spaziergang rund um den Münchner Schlachthof, um den sich Läden, Lokale und Ateliergemeinschaften in Hinterhöfen zwischen Kfz-Werkstätten und griechischen Tavernen angesiedelt haben. Im angrenzenden Viertel Sendling führt der Spaziergang über den Großmarkt, ein Teil ist in einem historischen Bau-Ensemble untergebracht.

Tragbar

Das Flair des Viertels schnuppern – das beginnt schon in der **Schmellerstraße,** die mitten hinein in das lebendige Schlachthofquartier führt, mit seinen schönen Altbauten, Tavernen, Osterias und Nachbarschaftslokalen. Mit guter saisonaler Küche und schnörkellosem Wirtshausambiente überzeugt das Restaurant **Goldmarie** 1 (Nr. 23, Mo–Sa 18–24, Mo–Fr auch 12–15 Uhr).

In der benachbarten Zenetti- bzw. Adlzreiterstraße lassen sich hinter renovierten Altbaufassaden originelle Geschäftsideen, Ateliergemeinschaften in Hinterhöfen (z. B. Zenettistr. 27) und witzige kleine Modeläden entdecken.

So führt der erste Abstecher links durch die Fleischer- und wieder links in die **Zenettistraße.** In der nostalgisch eingerichteten Ladengalerie und der Werkstatt **Tragbar** **2** stellen junge Designerinnen und Kunstakademieabsolventinnen ihre neuesten Kreationen aus (s. Shopping, S. 145). Ein Gefühl wie in »Little Italy« stellt sich ein, wenn man wenige Häuser weiter bei Santo Palamara und seiner Frau Alida im Restaurant **Friulana** authentische italienische Küche genießt (Nr. 43, So geschl., www.friulana.de).

Auf Höhe der Andreaskirche führt eine Passage hinüber in die **Adlzreiterstraße.** Eine prominente Adresse verbirgt sich hinter **Hausnummer 10** **3**: Albert Einstein verbrachte in diesem Haus seine Kindheit und frühe Jugend.

Durch die Adlzreiterstraße geht es in umgekehrter Richtung bis zum Zenettiplatz, wo man am Viehhof als nächste Station das **Wirtshaus im Schlachthof** **4** erreicht, bekannt aus der Livekabarettsendung mit Altinger und Springer im Regionalfernsehen. Im »Schlachthof« finden hochkarätiges Kabarett, Konzerte und Improvisationstheater statt (s. Nightlife, S. 149). Auch wenn man es nicht vermuten würde, hier im Viertel gibt es wegen der Nähe zum Großmarkt gute Fischrestaurants, wie auf der gegenüberliegenden Seite das Restaurant **Atlantik** (Zenettistr. 12). Freiluftkino und Nachtbiergarten gehören im Sommer genauso zum ehemaligen **Viehhof-Gelände** 💗 wie eine Brezn, süßer Senf und ein kühles Weißbier zum Weißwurstfrühstück (www.viehhof-kino.de). Die Mauern der Gebäudezeilen des Viehhofs sind ein Dorado für Graffiti-Künstler. Streetart-Fans kommen hier geradezu ins Schwärmen und können ihre Entdeckungstour bis in die **Tumblingerstraße** ausdehnen.

Biegt man rechts in die Thalkirchner und die nächste links in die Ehrengutstraße, erreicht man den **Roecklplatz** **5**, ein Ort,

> **MAL PAUSE MACHEN**
>
> Im puristischen Restaurant **Roecklplatz** leitet Fernsehkoch Martin Baudrexel Jugendliche an. Gönnen Sie sich für wenig Geld ein leckeres Menü. Das macht gute Laune!
> • Isartalstraße 26, Mo–Sa 17.30–1 Uhr

der einlädt, die lauschige Ruhe unter alten Bäumen zu genießen. Ein kurzes Stück die Isartalstraße hinunter lohnt sich das Ausbildungsrestaurant **Roecklplatz** für einen Zwischenstopp.

Frisch gestärkt kann man sich durch die **Ehrengut-** und **Dreimühlenstraße** noch einmal zu einer kurzen Entdeckungstour aufmachen. Die Belohnung ist vielleicht ein stylisches Accessoire aus den verführerischen Schmuck- und Designläden (z. B. Ehrengutstr. 5 und Dreimühlenstr. 17).

Man verlässt das Viertel und betritt den Stadtteil Sendling, wenn man die Gleise durch die Brückenpassage in der Dreimühlenstraße unterquert und rechts in die **Lagerhausstraße** biegt. Auf der linken Seite erstreckt sich das Gelände des **Großmarkts** 6, der über Wiederverkäufer die Münchner mit Lebensmitteln und Blumen versorgt (Führungen: Information und Anmeldung: www.muenchen.de/guide). Den besten Blick auf das historische Bauensemble von Halle I und Kontorhäuser hat man vom Eingang in der Thalkirchner Straße 81. Nach einer halben Umrundung erreicht man links die Kochelseestraße, die zur **Gaststätte Großmarkt** mit den angeblich besten Weißwürsten der Stadt führt (Kochelseestr. 13, Mo–Fr 7–17, Sa bis 13 Uhr).

Über den benachbarten **Gotzinger Platz** mit der neubarocken katholischen Pfarrkirche St. Korbinian aus dem Jahr 1926, geht es in die Valleystraße und rechts zur Ⓗ Implerstraße.

St. Korbinian am Gotzinger Platz

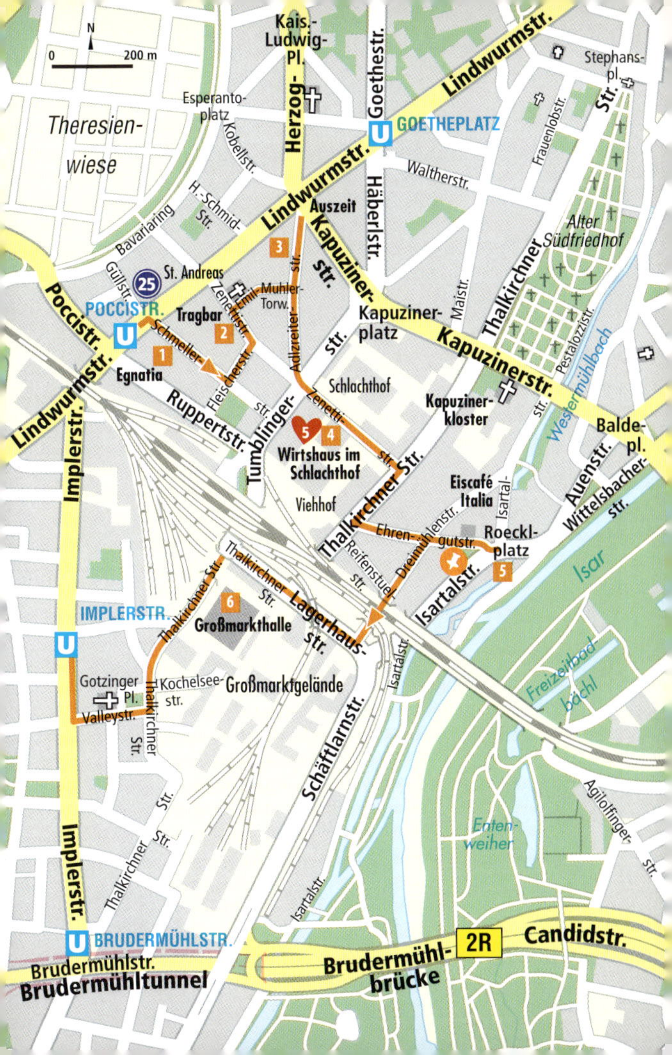

N
0
200 m
Theresien-
wiese
Kais.-
Ludwig-
Pl.
Esperanto-
platz
Kobellstr.
Herzog-
Goethestr.
GOETHEPLATZ
Lindwurmstr.
Stephans-
pl.
Str.
Frauenlobstr.
Waltherstr.
H.-Schmid-
Str.
Bavariaring
Lindwurmstr.
Auszeit
Kapuziner-
str.
Häberlstr.
Alter
Südfriedhof
Güllstr.
25
St. Andreas
Poccistr.
POCCISTR.
Zenettistr.
Emil-Muhler-
Torw.
Adlzreiter-
str.
Tragbar
Schmeller-
Fleischerstr.
Kapuziner-
platz
Maistr.
Thalkirchner
Pestalozzistr.
Westermühlbach
Kapuzinerstr.
Egnatia
Ruppertstr.
str.
Tumblinger-
str.
Schlachthof
Zenetti-
str.
Kapuziner-
kloster
str.
Balde-
pl.
Lindwurmstr.
Implerstr.
Wirtshaus im
Schlachthof
Viehhof
Thalkirchner Str.
Eiscafé
Italia
Isartal-
Auenstr.
Wittelsbacher-
str.
Ehren-
Dreimühlenstr.
gutstr.
Roeckl-
platz
Reifenstuel-
str.
Isartalstr.
Isar
Thalkirchner
Str.
Thalkirchner Str.
Großmarkthalle
Lagerhaus-
str.
IMPLERSTR.
Isartalstr.
Freizeitbad-
bächl
Gotzinger
Pl.
Kochelsee-
str.
Großmarktgelände
Valleystr.
Thalkirchner
Str.
Schäftlarnstr.
Str.
Str.
Thalkirchner
Enten-
weiher
Agilolfinger-
str.
Implerstr.
Isartalstr.
BRUDERMÜHLSTR.
Brudermühlstr.
Brudermühltunnel
Brudermühl-
brücke
2R
Candidstr.
1
2
3
4
5
5
6

Tour 26 ☀ 🌓 Thalkirchen

Isarflimmern: von der Floßlände zum Flaucher

Floßlände › Asam-Schlössl › Thalkirchen › Flaucher

Start: Ⓗ **Thalkirchen (Ⓤ 3)**
Ziel: Ⓗ **Thalkirchen (Ⓤ 3)**
Wann: am Wochenende
Distanz: 3 km

Gegensätzlicher könnte die Isar innerhalb der Stadtgrenzen nicht sein: ein träges Gewässer an der Floßlände, ein – fast – wilder Fluss, der sich sein Kiesbett selbst gestaltet, am Flaucher. Dazwischen liegen Biergärten, ein ehemaliges Künstler-Schlösschen und das idyllische Naturbad Maria Einsiedel.

Freibad Maria Einsiedel

Folgte man der hölzernen Thalkirchner Brücke über die Isar, käme man geradewegs zum Haupteingang des **Tierparks Hellabrunn.** Die großen Gehege bieten den Tieren relativ natürliche Lebensbedingungen und den Besuchern häufig freie Sicht – ohne störende Gitterstäbe. Diese Wanderung führt jedoch noch vor der Brücke rechts in die Zentralländstraße, vorbei am **Bootshaus,** der Vereinsgaststätte der Naturfreunde mit einem öffentlichen Biergarten, zum **Freibad Maria Einsiedel** **1**, das sich mit seiner weitläufigen Parklandschaft rechts erstreckt. Mit dem Handtuch im Rucksack kommt einem eine erfrischende Abkühlung vielleicht gerade recht, denn das Besondere an dem 1899 eröffneten, ruhigen Naturbad ist der Isarkanal, der auf fast 400 m

Länge durch das Bad fließt. Es gibt einen abgetrennten FKK-Bereich für Frauen und genügend Liegefläche unter alten Bäumen (Mitte Mai–Mitte Sept., www.swm.de).

Ein Stück weiter öffnet sich der Blick nach vorne auf das weite Areal der **Floßlände** 2 von Thalkirchen. Eine Gaudi kommt auf, wenn am späten Nachmittag die zünftigen Floßfahrten von Wolfratshausen aus hier enden. Sobald alle vom Floß gegangen sind, werden die Flöße noch an Ort und Stelle für den Rücktransport zerlegt (Mai–Sept., meist an den Wochenenden). Auch für Camper, Kanuten, Kajakfahrer und Riversurfer ist die Floßlände von Thalkirchen eine stadtbekannte Adresse.

Wer es weniger rustikal und sportlich mag, spaziert durch die Benediktbeuerer Straße zum **Asam-Schlössl** 3, das durch seine Fassadenbemalung auffällt. Einst gehörte das Anwesen Cosmas Damian Asam, dem berühmten Maler des bayerischen Spätbarocks, der es zu seinem Landsitz mit Atelier ausgestaltete. Nach einer wechselvollen Geschichte beherbergt es heute die historische Wirtschaft **Asam-Schlössl** mit einem kleinen Biergarten (Maria-Einsiedel-Str. 45, www.asamschloessl.de).

Zur Einkehr im Garten und feiner asiatischer Küche unter Kastanienbäumen verlocken **Mangostin Asia Restaurants** (Maria-Einsiedel-Str. 2, www.mangostin.de). Die Maria-Einsiedel-Straße führt zurück zur Ⓗ Thalkirchen, wo links auf der kleinen Anhöhe am Isarufer die Wallfahrtskirche

St. Maria Thalkirchen 4 thront. Den Hochaltar im Chor schmücken eine meisterhafte spätgotische Madonna mit Kind und ein schwebenden Schrittes hereneilender Rokoko-Engel von Ignaz Günther.

Wer es bodenständiger und lauschiger mag, macht Rast im schön gelegenen Biergarten **Zum Flaucher** 5 in den Isarauen. Der gesamte Auenbereich auf der Höhe von Thalkirchen heißt bei den Münchnern **Flaucher**. Es ist ein beliebtes Naherholungsgebiet zum Baden, Picknicken und Grillen (an ausgewiesenen Plätzen). Der Weg dorthin führt am Werkkanal entlang. Von der Schinderbrücke geht es halb links in die Grünanlagen zum Biergarten, und weiter geradeaus auf den **Flauchersteg** 6. Hier verzweigt sich die Isar in kleine Nebenarme, umfließt Weideinselchen und weiße Kiesbänke. Man mag bei diesem Anblick eine Vorstellung davon bekommen, wie die Isar vor etwa 150 Jahren aussah, als sie ein wilder, reißender voralpiner Fluss mit unzähligen Nebenarmen und weitläufigen Kiesbänken war.

> ★ **MAL PAUSE MACHEN**
> Gönnen Sie sich am **Flauchersteg** eine Auszeit, um das beschauliche Bild in sich aufzunehmen. Auf der gesamten Länge des Stegs genießt man den faszinierenden Ausblick auf ein einzigartiges Stück Wildnis in der Großstadt.

Was sich heute den Spaziergängern und Erholungsuchenden so eindrucksvoll als natürliche Flusslandschaft präsentiert – der Flaucher ist auch Lebensraum für seltene Tier- und Pflanzenarten –, ist das Ergebnis des Projekts »Isar-Renaturierung« des Wasserwirtschaftsamts der Stadt. Seit 1999 wurde in fünf Bauabschnitten daran gearbeitet, die Isar auf einer Strecke von 8 km von der südlichen Stadtgrenze bis zur Museumsinsel naturnah umzugestalten und zugleich den Hochwasserschutz zu verbessern. Bei starken Regenfällen verwandelt sich die Isar sogar wieder in einen Wildfluss.

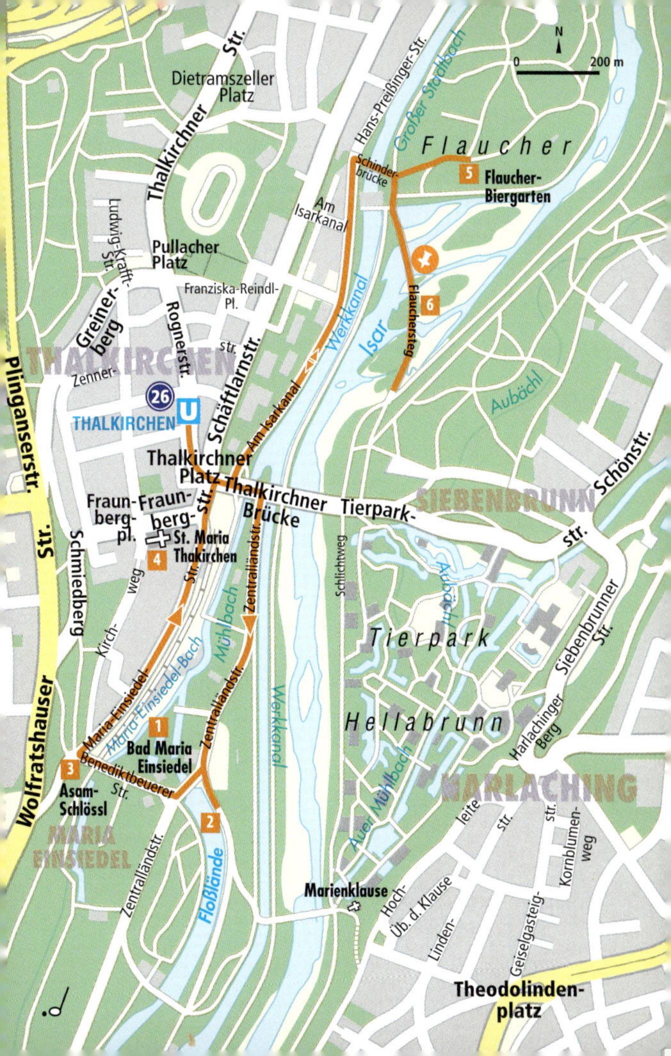

Map: Thalkirchen / Maria Einsiedel / Flaucher

Labels visible on map:

- Dietramszeller Platz
- Thalkirchner Str.
- Pullacher Platz
- Franziska-Reindl-Pl.
- Greinerberg
- Rognerstr.
- Ludwig-Kraft-Str.
- Plinganserstr.
- THALKIRCHEN
- Zenner-weg
- Schäftlarnstr.
- Am Isarkanal
- Hans-Preißinger-Str.
- Großer Stadtbach
- Flaucher
- Schinderbrücke
- **5** Flaucher-Biergarten
- Werkkanal
- Isar
- Flauchersteg
- **6**
- **26** U Thalkirchen
- Thalkirchner Platz
- Fraun-berg-pl.
- Fraun-berg-str.
- Thalkirchner Brücke
- Tierpark-
- **4** St. Maria Thalkirchen
- Kirch-weg
- SIEBENBRUNN
- Schönstr.
- Schlichtweg
- Aubächl
- Tierpark Hellabrunn
- Siebenbrunner Str.
- Schmiedberg
- Wolfratshauser Str.
- Maria-Einsiedel-Str.
- Zentrallandstr.
- Mühlbach
- **1** Bad Maria Einsiedel
- **3** Asam-Schlössl
- Benediktbeurer Str.
- MARIA EINSIEDEL
- **2**
- Floßlände
- Werkkanal
- Auer Mühlbach
- Harlachinger Berg
- Menter-leite-str.
- HARLACHING
- Marienklause
- Hoch-Ufer d. Klause
- Linden-str.
- Geiselgasteig-str.
- Kornblumen-weg
- Theodolindenplatz

N ↑ 0 200 m

Tour 27 — Westend

Altes und Neues im Westend

Theresienwiese › Theresienhöhe › Verkehrszentrum des Deutschen Museums › Bavariapark › Wohnturm Park Plaza › Kazmair- und Gollierstraße

Start: Ⓗ **Theresienwiese** (Ⓤ 4, 5 – Ausgang Theresienwiese)
Ziel: Ⓗ **Schwanthaler Höhe** (Ⓤ 4, 5)
Wann: **Am besten zur Wiesn-Zeit oder zum Tollwood Winterfestival**
Distanz: **3,7 km**

Auf dem Spaziergang durch das Westend lassen sich Altes und Neues entdecken: die Altbauquartiere mit Kebab-Haus und griechischen Tavernen rund um die Gollierstraße, das Neubauviertel Theresienhöhe mit noblen Büros und Penthousewohnungen auf dem alten Messegelände.

Oktoberfest

Gibt es ein Leben nach dem Oktoberfest, mag man sich fragen, angesichts der weiten verwaisten Fläche der **Theresienwiese** 1. Vielleicht aber hat man den Zeitpunkt genau getroffen und kann Wiesn-Atmosphäre live erleben, zu der die flotten Hits der Blaskapellen in den Bierzelten ebenso gehören wie die rasanten Achterbahnfahrten, die gemütlichen Runden in der historisch-nostalgischen Krinoline oder der Duft von gebrannten Mandeln, Lebkuchenherzen und Steckerlfisch. Schon Wochen vorher, wenn geradeeinmal die Gerippe der großen Zelte stehen, pilgern manche Münchner hierher und verfolgen mit Spannung den weiteren Aufbau des größten Volksfestes der Welt. Neben dem Oktoberfest ist das bunte Tollwood Winterfestival mit seiner stimmungsvoll illuminierten Zeltstadt, das im Dezember stattfindet, der zweite Höhepunkt im Jahr (www.oktoberfest.de, www.tollwood.de).

Oberhalb des Festgeländes erreicht man die Theresienhöhe und das Areal mit den denkmalgeschützten alten Messehallen, in die das **Verkehrszentrum des Deutschen Museums** 2 eingezogen ist. Die Hallen widmen sich mit ihrer Schausammlung von alten und neueren Fahrzeugen unterschiedlichen Aspekten des Reisens und der Technik der Fortbewegung (tgl. 9–17 Uhr; www.deutsches-museum.de/verkehrszentrum). Wenn sich auf dem großen Platz die Skater treffen und ihre Runden drehen, bevor sie die für den Autoverkehr gesperrten Straßen der Stadt erobern, pulsiert hier das Leben.

Den schönsten Blick auf die Feste, die unten auf der Theresienwiese stattfinden, hat man vom Kopf der rund 18 m hohen **Bavaria** 3. In das Haupt der ebenso anmutigen wie kämpferischen Riesin im Bärenfell, Verkörperung des Staates Bayern, führen innen zwei Wendeltreppen mit über 100 Stufen (ab Mitte Okt.–März geschl.). Lokalpatriotismus verkörpert auch die nach Plänen Leo von Klenzes errichtete klassizistische **Ruhmeshalle**, u. a. die Porträtbüsten verdienstvoller bayerischer Persönlichkeiten beherbergt – vom Brauereimagnaten Joseph Pschorr bis zur Schriftstellerin Lena Christ –, wobei die Frauen zahlenmäßig eindeutig nicht angemessen repräsentiert sind.

Gegenüber, auf der anderen Seite der Straße, erstreckt sich der **Bavariapark** 4, eine idyllische kleine Grünoase mit Kastanienbäumen und Statuen. Wo schmeckt ein kühles Bier besser als im angrenzenden Biergarten?

Einen fröhlichen Farbakzent im benachbarten Neubauviertel setzt Otto Steidles **Wohnturm Park Plaza** 5, den man über den Hans-Dürrmeier-Weg erreicht. Mit seinen ungefähr 43 m hat er dieselbe Höhe wie der historische, in den 1950er-Jahren abgerissene Messeturm; umso tiefer muss man für die Penthousewohnungen in die Tasche greifen.

Etwas vom Flair des alten Westends mit seiner bunten Vielfalt an italienischen, griechischen und türkischen Speiselokalen und Läden entdeckt man, wenn man durch die **Kazmair-** oder parallel davon durch die **Gollierstraße** bummelt. Das ehemalige Arbeiterviertel hat mit knapp 40 Prozent den höchsten höchsten Migrantenanteil in der bayerischen Hauptstadt.

Das **Caffè Ristretto** 6 ist ein beliebtes Ladenlokal (Kazmairstr. 30, s. Restaurants, S. 135). Wer gerne originell frühstückt, geht ins **Marais**. Ausgefallene bunte Torten zum Kaffee mit Wohnzimmeratmosphäre gibt es im **Neuen Kubitscheck** in der Gollierstraße 14. Im Ladenatelier schräg gegenüber verarbeitet Designerin **Gabi Green** Fundsachen von ihren Reisen zu »schmucken Stücken« (Nr. 17).

> **MAL PAUSE MACHEN**
> Im Ladencafé **Marais** kann man zwischen Tand und Trödel in den kreativ zusammengestellten Sitzmöbeln träumen und schlemmen. Unbedingt ausprobieren!
> • Parkstraße 2, Di–Sa 8–20, So 10–18 Uhr

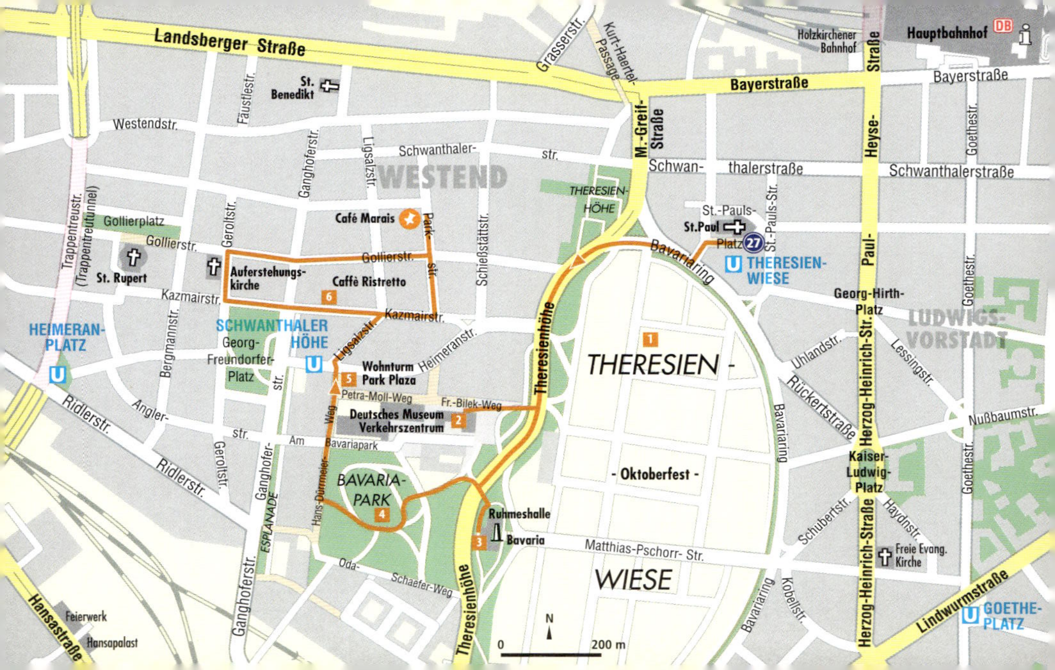

Landsberger Straße
Hauptbahnhof
Holzkirchener Bahnhof
Bayerstraße
Heyse-Straße
Paul-Heyse-Straße
M.-Greif-Straße
Kurt-Haertel-Passage
Grasserstr.
St. Benedikt
Fäustlestr.
Westendstr.
Schwanthaler-str.
Schwanthalerstraße
WESTEND
Goethestr.
Gollierplatz
Gollierstr.
Geroltstr.
Ganghoferstr.
Ligsalzstr.
Café Marais
Parkstr.
Schießstättstr.
THERESIEN-HÖHE
St.-Pauls-Platz
St. Paul
27
St.-Pauls-Str.
THERESIENWIESE
Trappentreustr.
(Trappentreutunnel)
St. Rupert
Auferstehungskirche
Caffè Ristretto
6
Kazmairstr.
HEIMERAN-PLATZ
SCHWANTHALERHÖHE
Georg-Freundorfer-Platz
Bergmannstr.
Heimeranstr.
Wohnturm Park Plaza
5
Petra-Moll-Weg
Fr.-Bilek-Weg
Deutsches Museum Verkehrszentrum
2
Theresienhöhe
Bavariaring
Georg-Hirth-Platz
LUDWIGSVORSTADT
1
THERESIEN-
- Oktoberfest -
WIESE
Uhlandstr.
Lessingstr.
Rückertstraße
Herzog-Heinrich-Str.
Herzog-Heinrich-Straße
Nußbaumstr.
Kaiser-Ludwig-Platz
Ridlerstr.
Angler-str.
Am Bavariapark
Hans-Dürrmeier-Weg
BAVARIA-PARK
4
Ruhmeshalle
Bavaria
3
Matthias-Pschorr-Str.
Schubertstr.
Haydnstr.
Freie Evang. Kirche
ESPLANADE
Oda-Schaefer-Weg
Kobellstr.
Lindwurmstraße
GOETHE-PLATZ
Feierwerk
Hansapalast
Hansastraße
N
0
200 m

Tour 28 — Neuhausen – Gern

Brückenschlag – Von Neuhausen nach Gern

Volkartstraße › Frundsbergstraße › Bothmerstraße › Herz-Jesu-Kirche › Nymphenburger Schlosskanal › Tizianstraße › Taxisgarten

Start: Ⓗ Rotkreuzplatz (Ⓤ 1, 7 – Ausgang Volkartstraße)
Ziel: Ⓗ Gern (Ⓤ 1, 7)
Wann: während der Ladenöffnungszeiten
Distanz: 2,5 km

Das Schloss in Sichtweite, besucht man das idyllische Viertel Gern mit seinen Jugendstilvillen und Wohnhäusern von Ende des 19. bis Anfang des 20. Jhs. In Neuhausen am Rotkreuzplatz hat sich um die Volkart- und Frundsbergstraße herum eine lebendige Mischung aus Cafés und Geschäften entwickelt.

In der **Volkartstraße** gibt es Schönes und Originelles zu entdecken: Kaffee und Kuchen bei **Neulinger**, faire Mode aus Designerhand bei **StoffArt** **1** (s. Shopping, S. 144), Accessoires zum Selbermachen in der **Perlerie**, Pretiosen vom Profi bei Goldschmied **Gerd Weickmann** **2** in der Frundsbergstraße 13 um die Ecke. Durch die Volkartstraße geht es links in die Orffstraße, die mit ihren Altbauwohnungen und winzigen Vorgärtchen typisch für dieses Viertel ist. An der Ecke zur Ruffinistraße fällt die Konditorei mit ihren leckeren Kuchenauslagen auf. Sie gehört zum **Café Ruffini** **3**, einer von einem Kollektiv betriebenen Institution im Viertel (Mo geschl.; www.ruffini.de). Besonders charmant ist die kleine Sonnenterrasse auf dem Dach. In der **Frundsbergstraße** setzt der Spiel- und Spaßladen **BrauseSchwein** **4**, das man durch das rosa Schwein auf dem Dach nicht verfehlen kann, einen einen frechen, bunten Akzent in dem hübschen Wohnquartier (s. Shopping, S. 141).

Der Klassiker für Architekturliebhaber ist die ruhige **Bothmerstraße** mit ihren Gründerzeitvillen und den charakteristischen Türmchen, Erkern und Vorgärtchen, die zurück auf die Nymphenburger Straße führt. Kühn mutet die **Herz-Jesu-Kirche** 5 an, ein faszinierendes Bauwerk moderner Architektur. Zunächst sticht der freistehende Glockenturm ins Auge, die magische Anziehungskraft geht aber von dem unbestimmten Leuchten der riesigen blauen Wand des gläsernen Kirchenquaders aus. Im Jahre 2000 geweiht, ersetzt die Herz-Jesu-Kirche, errichtet nach Plänen der Architekten Allmann, Sattler und Wappner, einen abgebrannten Vorgängerbau. Die blaue Glaswand öffnet sich bei guter Witterung im Rahmen der musikalischen Veranstaltung »Offene Tore« (So abends außer Aug./Sept.).

Herz-Jesu-Kirche

Um die Ecke lädt das **Kafehaus Karameel** zum Frühstück nach Wiener Art, zu leckeren Kuchen oder Pasta ein (Nymphenburgerstr. 191). In dem lichtdurchfluteten Raum lässt es sich in Sesseln und Sofas vom Flohmarkt gemütlich speisen. Frisch gestärkt geht es durch den kleinen **Grünwaldpark** (mit Kinderspielplatz) zum **Hubertusbrunnen.** Sehenswert ist der lebensgroße prächtige Hirsch, der auf einem Sockel im Wasserbecken steht.

Von hier aus geht es den **Nymphenburger Schlosskanal** entlang zur **Gerner Brücke.**

> **MAL PAUSE MACHEN**
> Genießen Sie die freie Sicht auf das Nymphenburger Schloss von der **Gerner Brücke** – besonders romantisch bei Sonnenuntergang –, auf dem Wasser tummeln sich Enten, am Ufer spazieren Naturfreunde.

Hier mündet auch die Nymphenburger Straße ein, wo sich in der Hausnummer 215 das **Acetaia** (s. Restaurants, S. 134) befindet. Die Gerner Straße führt in das idyllische Villenviertel Gern. Man ist stolz, in Nachbarschaft des Schlosses und seiner Wasserwege zu wohnen: Venezianische Maler und der Nymphenburger Porzellankünstler Bustelli haben bei der Namensgebung einiger Straßen Pate gestanden. Gerns Aufstieg vom Bauerndorf zur Villenvorstadt fand im 19. Jh. statt und kennzeichnet eine allgemeine gesellschaftliche Entwicklung, die mit dem wachsenden Wohlstand im Bürgertum einherging. Die Nachfrage nach repräsentativen Bauten stieg, und Platz dafür fand man am Rand der Großstädte. Charakteristisch für die unter Denkmalschutz stehende Villenkolonie ist die aufgelockerte Bauweise aus Jugendstilreihenhäusern, einzeln stehenden Villen, kleinen Gärten und Lindenalleen.

Biegt man rechts in die **Tizianstraße,** lassen sich unter den Villen immer wieder Anwesen entdecken, auf die auch Makler ein Auge geworfen haben. Als exemplarisch für eine **Jugendstilvilla** 6 um 1890 sei das Haus Nr. 73 genannt. Links um die Ecke wohnte in der **Wilhelm-Düll-Str. 5** eine Zeit lang die bekannte bayerische Schriftstellerin Lena Christ (ihr Grab liegt im Waldfriedhof). An der Kreuzung zur Waisenhausstraße erreicht man rechts die Ⓗ **Gern,** in der man wie in den aufgeschlagenen Seiten eines Kunstbuchs lesen kann: Aufrisse und Zitate an den Wänden informieren über die Baugeschichte der Villenkolonie Gern. Wem noch nach Einkehr in einem Biergarten zumute ist, der macht den Abstecher in die Taxisstraße zum **Taxisgarten** 7.

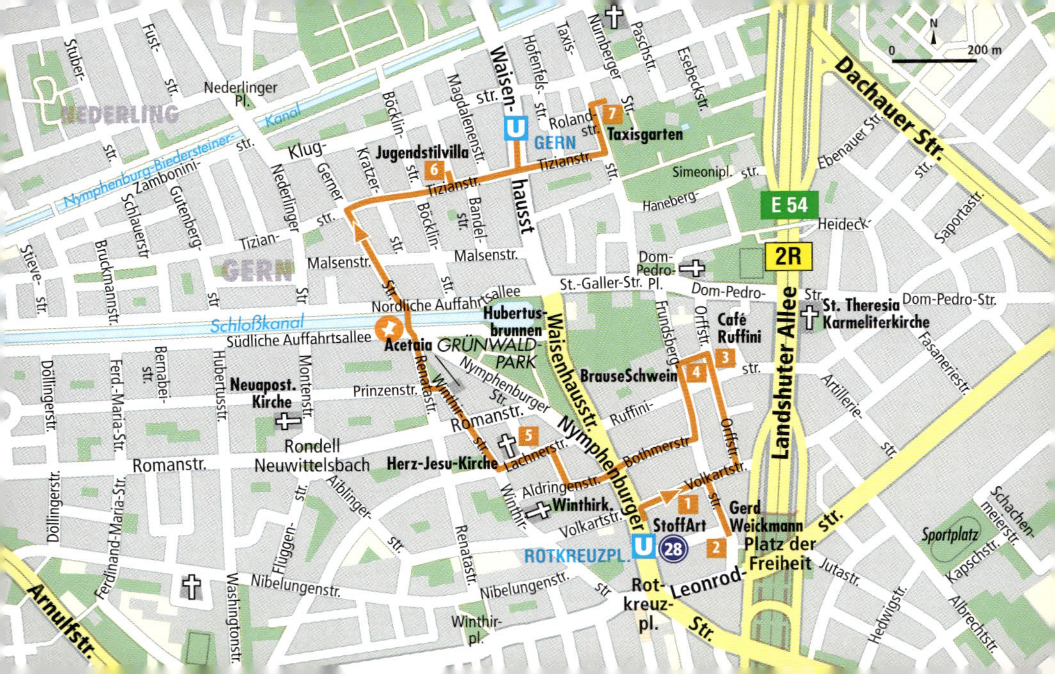

Dachauer Str.
Landshuter Allee
E 54
2R
Nymphenburger Str.
Waisenhausstr.
Leonrod-Str.
Arnulfstr.
Waisen-hausst
GERN
NEDERLING
ROTKREUZPL.
Rotkreuz-pl.
Platz der Freiheit
Schloßkanal
Nymphenburg-Biedersteiner-Kanal
GRÜNWALD-PARK
Hubertus-brunnen
Acetaia
StoffArt
Gerd Weickmann
Café Ruffini
BrauseSchwein
Herz-Jesu-Kirche
Jugendstilvilla
Taxisgarten
St. Theresia Karmeliterkirche
Neuapost. Kirche
Winthirk.
Rondell Neuwittelsbach
Sportplatz
Tizianstr.
Nördliche Auffahrtsallee
Südliche Auffahrtsallee
Romanstr.
Renatastr.
Winthirstr.
Volkartstr.
Orffstr.
Frundsbergstr.
Ruffinistr.
Bothmerstr.
Lachnerstr.
Aldringenstr.
Malsenstr.
Böcklinstr.
Nibelungenstr.
Döllingerstr.
Ferd.-Maria-Str.
Ferdinand-Maria-Str.
Dom-Pedro-Str.
Dom-Pedro-Pl.
St.-Galler-Str.
Nürnberger Str.
Nederlinger Pl.
Nederlinger str.
Washingtonstr.
Hubertusstr.
Montenstr.
Prinzenstr.
Artilleriestr.
Fasaneriestr.
Heideck-str.
Saportastr.
Ebenauer Str.
Simeonipl.
Hanebergstr.
Esebeckstr.
Paschstr.
Taxisstr.
Hofenfelsstr.
Rolandstr.
Magdalenenstr.
Bandelstr.
Kratzerstr.
Gerner str.
Klugstr.
Zamboninistr.
Gutenbergstr.
Schlauerstr
Bruckmannstr.
Stievestr.
Stuberstr.
Fuststr.
Bernabeistr.
Flüggenstr.
Aiblingerstr.
Winthirpl.
Jutastr.
Hedwigstr.
Albrechtstr.
Kapschstr.
Schachenmeierstr.
0 200 m
N
1 2 3 4 5 6 7
U
28

Tour 29 ☀ ☽ Nymphenburg

Für kleine Prinzen und Pferdefreundinnen

Schloss Nymphenburg › Park › Amalienburg › Marstallmuseum

Start: Ⓗ Schloss Nymphenburg (Tram 17)
Ziel: Ⓗ Schloss Nymphenburg (Tram 17)
Wann: zu jeder Jahreszeit bei schönem Wetter
Distanz: 3 km

Eine Tour, die auch Kinderaugen zum Leuchten bringt: mit viel Natur und Begegnungen mit Schwänen, Gänsen und – fast echten – Pferden. Zur barocken Sommerresidenz der Wittelsbacher Familien gehört eine weitläufige, von Wasserwegen durchzogene Parkanlage mit kleinen Lustschlösschen, deren schönstes die Amalienburg ist.

Hätte man statt der Tram wie früher die Pferdekutsche genommen, hätte die Anreise viel länger gedauert: willkommen auf **Schloss Nymphenburg** 1 ⭐! Am Anfang dieser Barockanlage stand die Geburt eines Prinzen; denn der bayerische Kurfürst Ferdinand Maria schenkte seiner Frau Henriette Adelaide zum Wiegenfest eine kleine Landvilla mit Grundstück. Für den Ausbau ließ die Kurfürstin Architekten aus Italien kommen. Ab 1715 veranlassten der Erbprinz Max Emanuel und später seine Nachfolger die Vergrößerung der Anlage, bis das Schloss seine heutige Gestalt annahm. Den schönsten Frauen ihrer Zeit begegnet man bei der Besichtigung der barocken und klassizistischen Innenräume in der **Schönheitengalerie,** die König Ludwig I. in Auftrag gegeben hatte. Ob von Adel oder aus bürgerlicher Familie, ob Hofdame oder Landpomeranze, sie alle zogen des Königs bewundernde Blicke auf sich und durften seinem Hofmaler Modell sitzen; unter ihnen auch die Schusterstochter Helene Sedlmayr, die als »Schöne Münchnerin« in ihrem biedermeierlichen Festtagsgewand heute noch auf Pralinenschachteln prangt, oder die Tänzerin Lola Montez, die als *femme fatale* und Globetrotterin Geschichte und Geschichten machte (www.schloesser.bayern.de).

Hinter dem Schloss, auf der Gartenseite, erstreckt sich der von Wasserwegen durchzogene **Park** mit einem geometrisch angelegten französischen Garten, der in einen naturnahen englischen Landschaftsgarten mit kleinen Seen und Schlösschen übergeht. Im **Geranienhaus** 2 auf der nördlichen Parkseite informiert anschaulich und fesselnd eine Dauerausstellung über den Nymphenburger Schlosspark und seinen Gartenkünstler Friedrich Ludwig von Sckell (Mitte Okt.–März geschl.). Wer wollte, glitt in einer venezianischen Gondel über das Wasser – das ist auch heute wieder möglich (Saison: Ostern–Okt.; www.gondel-nymphenburg.de, Gondoliere: Tel. 0175 600 04 68). In dem ehemaligen Orangeriegebäude linker Hand lädt das Schlosscafé im Palmenhaus zu Eis sowie Kaffee und Kuchen ein (www.palmenhaus.de).

Wer die versteckten **Parkschlösschen** aufsucht, bekommt nicht nur architektonische Kleinode zu sehen, sondern kann sich auch ein Bild von den Lustbarkeiten machen, die man sich in intimem Rahmen, abseits des strengen Zeremoniells bei Hof, erlauben konnte, wie etwa die kleine Teerunde im exotischen Ambiente der nahen **Pagodenburg** 3 oder Planschfreuden in

Im Nymphenburger Park

> **MAL PAUSE MACHEN**
>
> An der **Badenburg** lässt es sich unter Linden auf einer der Bänke hervorragend verschnaufen. Der Blick auf den Großen See lädt zum Träumen ein.

einem erlauchten Kreis von Zuschauern in der **Badenburg** 4, aber auch Sommerfeste und Rollenspiele in der **Amalienburg** 5. Von der Plattform auf dem Dach konnte man Ausschau nach Fasanen halten. Das Jagdschlösschen der Kurfürstin und leidenschaftlichen Jägerin Maria Amalia gehört zu den Glanzstücken des Cuvilliésschen Rokoko. Im Spiegelsaal wurde gefeiert, in der Küche gekocht, und die Kurfürstin liebte es, für ihre Gäste auch mal die Köchin zu spielen. Ach ja, und wo ist die Toilette? Der Abtritt versteckt sich, kaschiert als Kommode mit Deckel, gleich links hinter der Tür nach dem ersten Raum mit den Gewehrschränken und Hundeboxen.

Pferdekutschen kommen heute nicht mehr vorbei, aber man kann die höfische Wagenburg mit Prunkkarossen, Kinderschlitten, prächtigen Geschirren und naturgetreu nachgebildeten Pferden im nahen **Marstallmuseum** 6 ♥ im Südflügel des Schlosses bewundern. Den Auftakt bilden acht lebensgroße weiße Rösser, die vor den golden glänzenden Krönungswagen gespannt sind, den der bayerische Kurfürst Karl Albrecht zu seiner Kaiserkrönung in Paris in Auftrag gegeben hatte. Wie sich dagegen kleine Prinzen im Schlosspark umherkutschieren ließen, kann man sich anhand der feinen Gartenkalesche ausmalen, deren Sitz von einem baldachinförmigen Dach überspannt ist. Und wo werden Kinder wohl mit ihrem Zimmerschlitten gespielt haben, dessen Kufen auf Rollen laufen? Schlittengeläut, Prunkgeschirre und Gemälde, u. a. vom gespenstischen Nachtausflug König Ludwigs II. im verschneiten Ammergebirge, tun ihr Übriges dazu, um die Fantasie der Besucher zu beflügeln und sie an den höfischen Lustfahrten teilhaben zulassen.

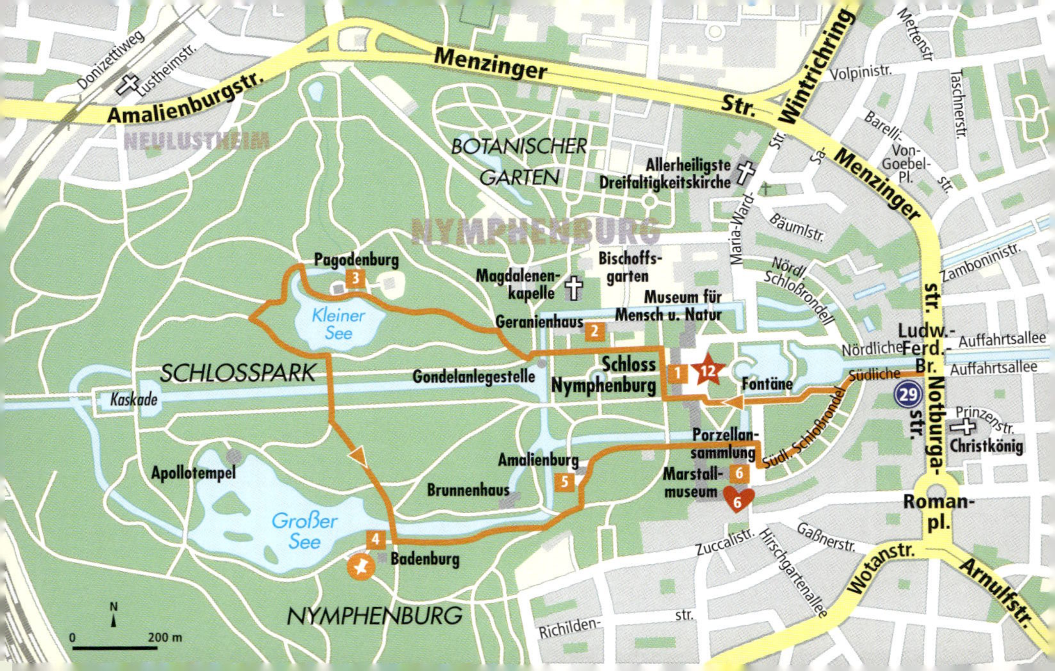
Menzinger Str.
Amalienburgstr.
Donizettiweg
Lustheimstr.
NEULUSTHEIM
Wintrichring
Volpinistr.
Mettenstr.
Taschnerstr.
Barelli-
Von-Goebel-Pl.
str.
Menzinger str.
Sa-
Str.
BOTANISCHER GARTEN
Allerheiligste Dreifaltigkeitskirche
NYMPHENBURG
Maria-Ward-Str.
Bäumlstr.
Zamboninistr.
Nördl. Schloßrondell
Pagodenburg
3
Magdalenenkapelle
Bischoffsgarten
Museum für Mensch u. Natur
Kleiner See
Geranienhaus
2
Ludw.-Ferd.-Br.
Nördliche Auffahrtsallee
Südliche Auffahrtsallee
SCHLOSSPARK
Gondelanlegestelle
Schloss Nymphenburg
1
12
Fontäne
29
Kaskade
Notburgastr.
Prinzenstr.
Christkönig
Porzellansammlung
Südl. Schloßrondell
Apollotempel
Amalienburg
5
Marstallmuseum
6
6
Brunnenhaus
Roman-pl.
Großer See
4
Badenburg
Gaßnerstr.
Zuccalistr.
Hirschgartenallee
Wotanstr.
Arnulfstr.
NYMPHENBURG
Richilden-str.
N
0
200 m

Tour 30 ☀ ◐ Obermenzing

An der Würm entlang zum Schloss Blutenburg

August-Exter-Straße › Peter-Vischer-Straße › Floßmannstraße › Westerholzstraße › Blutenburg

Start: Ⓗ **Pasing** (Ⓢ 3, 4, 6, 8)
Ziel: Ⓗ **Blutenburg** (Bus 160 zur Ⓗ Pasing)
Wann: zu jeder Jahreszeit
Distanz: 1,8 km

Außer der Isar hat München auch noch einen anderen Fluss. Am westlichen Stadtrand geht es durch Villenquartiere bis zur Würm und an ihrem Flusslauf entlang zum mittelalterlichen Wasser- und Bücherschloss Blutenburg.

Villenkolonie I

Wo früher Haushaltsmaschinen hergestellt wurden, ist heute direkt hinter dem Pasinger Bahnhof mit der **Pasinger Fabrik** **1** ein lebendiges Kulturzentrum, offenen Werkstätten, Gastronomie und Terrassencafé im Hof entstanden (August-Exter-Str. 1, Programm: pasinger-fabrik.com). In der »Fabrik« befindet sich die Kinder- und Jugendwerkstatt, die sich mit wechselnden Ausstellungen, Projekten, Theater- und Konzertveranstaltungen an das junge und jüngste Publikum wendet. In der Wohnwerkstatt können Kinder und Jugendliche – selbstständig oder unter Anleitung eines Schreiners – Spielsachen und Möbel herstellen oder reparieren. Im Kindercafé treffen sich Kinder zum Spielen, Schmökern und Essen zu taschengeldfreundlichen Preisen.

Nächste Station ist die **Villenkolonie I** 2 in der Peter-Vischer-Straße. Architekt August Exter baute hier in den 1890er-Jahren unter dem Motto »Gesundes Wohnen« seine erste Gartenstadt in Pasing. Erker, Lauben, Giebel und Türmchen bilden die architektonische Entsprechung zum unbeschwerten Gartenidyll. Zurück an der Ecke zur Carossastraße, geht es an weiteren Villen vorbei durch die Floßmannstraße und links in die Orthstraße. Hier fällt auf der linken Seite bald ein Wohnhaus (Nr. 4) auf, das sich in dem Villennest wie ein Kuckucksei ausnimmt: Mit seiner modernen klaren Formensprache konterkariert es – frech und witzig – die Beschaulichkeit seiner Nachbarschaft.

Fast ländliche Stille umfängt einen, wenn man dem Fußweg am Wasserlauf entlang bis zur Kreuzung Westerholzstraße folgt. Links laden Gastraum und Biergarten der Trattoria **Speisemeisterei** 3 zu feinen mediterranen Gaumenfreuden und Pizza & Pasta ein.

An den Villen und Gärten der Westerholzstraße entlang geht es rechts in den Schirmerweg und durch Obermenzing. Zwischen den Bäumen hindurch sieht man die Würm, die mit ihrem Wasser das Kanalsystem des Nymphenburger Parks und den nahen Schlossteich speist.

Die Wiese, die sich jenseits der Hofbauernstraße erstreckt, gibt den Blick frei auf das von einer Mauer und trutzigen Türmen umgebene **Schloss Blutenburg** 4. Der weitere Weg führt an der Würm entlang, bis er rechts zum Teich abzweigt. Vorbei an der **Schlossschänke** gelangt man durch den

Schloss Blutenburg

MAL PAUSE MACHEN

Am Burgweiher lockt die **Schlossschänke** mit Köstlichkeiten und ihrer traumhaft gelegenen Terrasse zum Wasser.
• Schloss Blutenburg, tgl. 10–22 Uhr, www.schlossschaenke-blutenburg.de

Torturm im Norden in den lauschigen Schlosshof mit seiner alten Linde.

Den Namen »Bücherschloss« verdankt die Blutenburg der **Internationalen Jugendbibliothek** 5, die ihr riesiges Magazin unter dem nördlichen Schlosshof hat. Über 1000 Verlage weltweit schicken ihre Neuerscheinungen in die Blutenburg, so dass die Bibliothek mit rund einer halben Million Kinder- und Jugendbüchern in über 130 Sprachen führend auf dem Gebiet ist. Vielfältig sind ihre Aktivitäten: von Mal- und Vorlesestunden bis hin zu Ausstellungen und Werkschauen von Illustratoren (www.ijb.de). Zudem gibt es ein **Michael-Ende-Museum** (Mi–So 14 bis 17 Uhr). Das **Binette-Schroeder-Kabinett** befasst sich in einer Dauerausstellung mit der bekannten Bilderbuchkünstlerin (Sa/So vormittags geschl.). In den ehemaligen Stallungen mit ihren schönen, unverputzten Gewölben ist die **Ausleihbibliothek für Kinder und Jugendliche** mit Büchern in 16 Sprachen untergebracht (Mo–Fr 14–18, Mi ab 9 Uhr).

Die zierliche spätgotische **Schlosskapelle** 6 ragt mit ihrer Turmzwiebel aus der Umfriedung heraus. Zusammen mit ihren hochwertigen Glasmalereien, Schnitzfiguren und Altären von Jan Polack aus Krakau bildet sie ein herausragendes, in München einmaliges Gesamtkunstwerk aus dem späten 15. Jh. Es wundert nicht, dass die Blutenburg mit ihrer Kapelle, dem Innenhof und der Schlossschänke ein beliebter romantischer Ort für Hochzeiten und Märkte ist (www.blutenburg.de). Über die Würm in die Pippinger Straße gelangt man zur nahe gelegenen Ⓗ Blutenburg, von wo der Bus zurück nach Pasing fährt.

Schlosskapelle Blutenburg

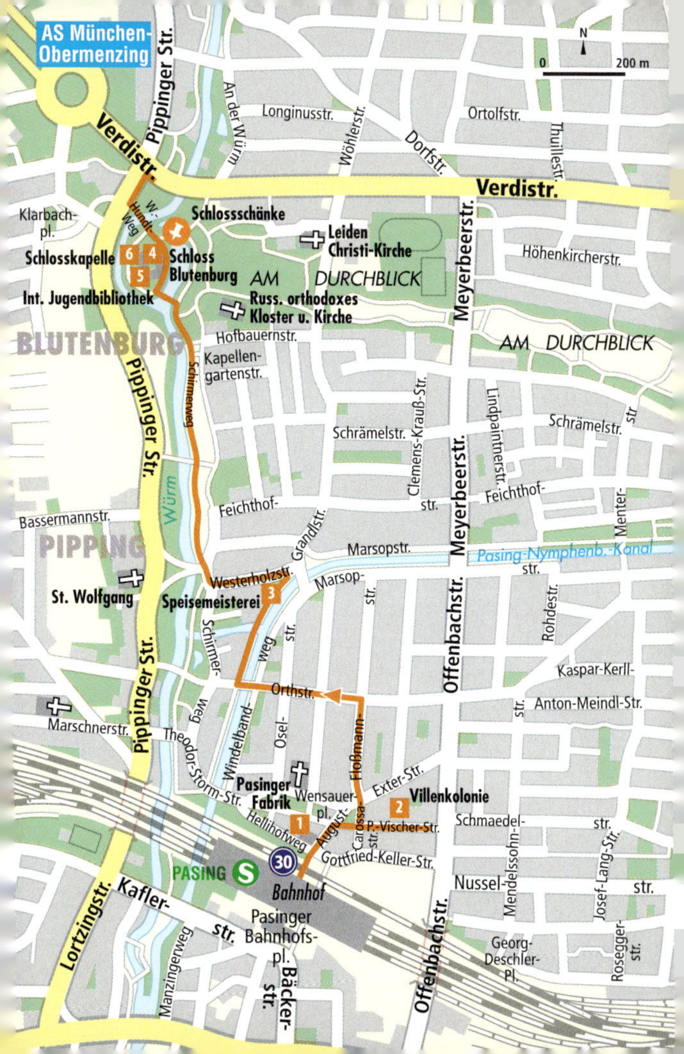

AS München-Obermenzing
N
0
200 m
Verdistr.
Pippinger Str.
An der Würm
Longinusstr.
Wöhlerstr.
Dorfstr.
Ortolfstr.
Thuillestr.
Verdistr.
Klarbach-pl.
W.-Hundt-Weg
Schlossschänke
Leiden Christi-Kirche
Schlosskapelle
6
4
5
Schloss Blutenburg
AM DURCHBLICK
Höhenkircherstr.
Int. Jugendbibliothek
Russ. orthodoxes Kloster u. Kirche
Meyerbeerstr.
Hofbauernstr.
BLUTENBURG
Kapellen-gartenstr.
AM DURCHBLICK
Schirmerweg
Pippinger Str.
Clemens-Krauß-Str.
Lindpaintnerstr.
Schrämelstr.
Schrämelstr.
str.
Würm
Feichthof-
str.
Feichthof-
Meyerbeerstr.
Menter-
Bassermannstr.
PIPPING
Grandlstr.
Marsopstr.
Pasing-Nymphenb.-Kanal
str.
Westerholzstr.
Marsop-
str.
St. Wolfgang
Speisemeisterei
3
Schirmer-
weg
str.
Rohdestr.
Offenbachstr.
Kaspar-Kerll-
Pippinger Str.
Orthstr.
str.
Anton-Meindl-Str.
Marschnerstr.
Theodor-Storm-Str.
Weg
Windelband-
Osel-
Floßmann-
Pasinger Fabrik
Wensauer-pl.
Exter-Str.
Villenkolonie
2
1
August-
Carossa-str.
P.-Vischer-Str.
Schmaedel-
str.
Hellihofweg
Gottfried-Keller-Str.
PASING
S
30
Bahnhof
Nussel-
Mendelssohn-
Josef-Lang-Str.
str.
Lortzingstr.
Kafler-
str.
Pasinger Bahnhofs-pl.
Offenbachstr.
Georg-Deschler-Pl.
Rosegger-str.
Manzingerweg
Bäcker-str.

Vogelnest, Hotel Bayerischer Hof

In München gibt es viele Betten: ob in der Luxussuite, im Designhotel oder in Hostels. Gut zu wissen, dass zur Hochsaison, z. B. während Messen oder des Oktoberfestes, die Preise kräftig anziehen und die Zimmer ausgebucht sein können.

Bayerischer Hof (Innenstadt, s. Tour 1, Seite 11)
Promenadeplatz 2–6, Tel. 212 00, www.bayerischerhof.de, €€€
Wohnen wie ein Hollywoodstar oder eine Königin – das Luxushotel macht es möglich, denn diese logierten alle schon hier und lieben das Flair. Von morgens bis abends kann man sich verwöhnen lassen, ob mit einem Champagnerfrühstück über den Dächern von München oder in der Entspannungsoase Blue Spa.

Creatif Hotel Elephant (Am Hauptbahnhof)
Lämmerstraße 6, Tel. 55 57 85, www.creatif-hotel-elephant.de, €€–€€€
Dass man hier Lust auf kräftige Farben hat, lässt sich schon an der roten Fassade erkennen. Die Zimmer haben weiße Wände

und sind mit leuchtenden Farbakzenten und hellem Holz modern gestaltet. Toll sind die geölten Eichenböden!

Laimer Hof am Schloss (Nymphenburg)
Laimer Straße 40, Tel. 178 03 80, www.laimerhof.de, €
Die denkmalgeschützte Hotelvilla mit ihren Türmchen und Erkern im Stil der Neorenaissance liegt am Nymphenburger Schloss, umgeben von anderen Villen. Die Zimmer sind hell und mit Antiquitäten ausgestattet.

Hotel Gästehaus Englischer Garten (Altschwabing)
Liebergesellstr. 8, Tel. 383 94 10, hotelenglischergarten.de, €–€€
Wo sonst lässt es sich in idyllischerer Umgebung übernachten als hier – direkt am Englischen Garten? Das grün berankte Haus steht unter Denkmalschutz und hat sogar eine eigene Gartenterrasse zum draußen Frühstücken. Von einfach bis anspruchsvoll reicht die Ausstattung der zwölf gemütlichen Zimmer. Die familiäre Hotel-Pension ist ein idealer Ausgangspunkt, um das nächtliche Schwabing zu erkunden: Alle Restaurants, Bars und kleinen Theater befinden sich in fußläufiger Entfernung. Frühzeitige Buchung notwendig!

Hotel Lux (Innenstadt)
Ledererstraße 13, Tel. 45 207 300, www.hotel-lux-muenchen.de, €€
Direkt am Puls der Stadt gelegen. Ob Hofbräuhaus, Viktualienmarkt oder Oper, alles ist in wenigen Minuten zu Fuß zu erreichen. Die Gäste lieben das

tolle Preis-Leistungs-Verhältnis und die Champagner-Klingel in der charmant eingerichteten Bar.

Mariandl (Ludwigsvorstadt)
Goethestraße 51, Tel. 552 91 00, www.mariandl.com, €
Das liebenswerte Hotel mit dem »ältesten Konzertcafé Münchens« ist vor allem auch bei Musikern und Künstlern beliebt. Die Gäste wissen es zu schätzen, dass es bis 16 Uhr Frühstück und warme Küche bis Mitternacht gibt. Die Zimmer sind angenehm schlicht, mit schnörkellosen Antiquitäten und Holzböden ausgestattet.

Opéra (Lehel, s. Tour 19, Seite 83)
St.-Anna-Straße 10, Tel. 210 49 40, www.hotel-opera.de, €€€
Ein elegantes Stadtpalais – schon das Entree mit Rundbögen, Marmorböden, Lüstern und erlesenen Antiquitäten ähnelt dem eines Schlösschens. Der Arkadenhof, unter dem der Eisbach plätschert, hat mediterranes Flair und ist der ideale Ort für ein romantisches Abendessen mit Kerzenlicht. Und oben wartet ein luxuriöses Bett.

Pension Gärtnerplatz (Gärtnerplatzviertel)
Klenzestraße 45, Tel. 202 51 70,
www.pensiongaertnerplatz.de, €
Betritt man im Hof den Treppenaufgang zur Pension, heißt ein Putto die Gäste willkommen. Ein bisschen Inszenierung – im gutbürgerlichen Rahmen – muss in Nachbarschaft zum Theater

schon sein: das bemalte Himmelbett im Bauernzimmer, die weiße Porzellandogge im Sissi-Zimmer, die Neo-Rokoko-Schnörkel im König-Ludwig-Zimmer oder die Kuckucksuhr im Frühstücksraum.

Ritzi (Haidhausen, s. Tour 21, Seite 91)
Maria-Theresia-Straße 2 a, Tel. 414 24 08 90,
www.hotel-ritzi.de, €€
Ein kleines, feines Lieblingshotel, das augenzwinkernd dazu einlädt, sich weit weg zu träumen: nach »Jenseits von Afrika« zum Beispiel oder in eine Hängematte in der Südsee. Jedes der 25 Zimmer ist kunstvoll und individuell gestaltet und in leuchtenden Farben dekoriert. Frühstück gibt es im dazugehörigen Restaurant, und abends erwartet die Gäste eine wunderschöne Bar im Art-déco-Stil.

Torbräu (Innenstadt)
Tal 41, Tel. 24 23 40,
www.torbraeu.de, €€€
Im Hotel Torbräu, dem ältesten Hotel im Herzen von München, logiert man gutbürgerlich bayerisch – nur ein paar Gehminuten vom Marienplatz entfernt. Das Wohlergehen seiner Gäste liegt dem Haus besonders am Herzen, das spürt man an dem zuvorkommenden, freundlichen Service.

Spatenhaus an der Oper

Ob bayerische oder internationale Küche, Gourmettempel oder Nachbarschaftslokal, ob am Viktualienmarkt oder in der Nachbarschaft zum Schauspielhaus – das Angebot ist riesig.

Acetaia (Neuhausen, Tour 28, Seite 120)
Nymphenburger Str. 215, Tel. 13 92 90 77,
www.restaurant-acetaia.de, Sa mittag geschlossen, €€€
Ein kleines italienisches Gourmetrestaurant mit Mosaikboden, Jugendstil-Vertäfelung und Kristallleuchtern an der hohen Decke. Der Name des Speiselokals spielt auf den edlen Balsamico-Essig an, der hier fester Bestandteil der Küche ist. Für abends unbedingt vorbestellen, da das Acetaia wegen seiner gemütlichen Atmosphäre und nicht zuletzt wegen seiner erlesenen Weinauswahl sehr beliebt ist.

Bratwurstherzl (Innenstadt, Tour 4, Seite 24)
Dreifaltigkeitsplatz 1, Tel. 29 51 13, www.bratwurstherzl.de,
Mo–Sa 10–23 Uhr, So/Fei geschl., €

Am Viktualienmarkt gelegen, bietet diese traditionsreiche Gaststätte fränkisch-bayerische Küche. Eine Attraktion ist das über 350-jährige Backsteingewölbe mit dem offenen Buchenholzfeuer, an dem die Bratwürste gegrillt werden. Serviert wird auf Zinnherzen. Im Sommer kann man draußen auf der Terrasse sitzen.

Caffè Ristretto (Westend, Tour 27, Seite 114)
Kazmairstr. 30, Tel 74 38 94 03, www.cafferistretto.de, €
Wer beim Bummeln durchs Westend Lust auf einen Imbiss mit italienischen Köstlichkeiten, Pasta und frisch gepressten Säfte verspürt, kehrt in dem kleinen Speisecafé mit angeschlossenem Feinkostladen ein.

Chang (Innenstadt, Tour 1, Seite 12)
Sporerstr. 2, Tel. 255 44-100, chang-restaurant.de,
Mo–Sa 11.30–24 Uhr, €€
In diesen neu eröffneten Restaurant trifft asiatische Tradition mit puristischer Kochkunst auf moderne Kulinarik. Besonderes Augenmerk liegt auf der Reinheit des Essens, der Wertschätzung der besonderen Speisen und dem individuellen Service.

Conviva im Blauen Haus
der Kammerspiele
(Innenstadt, Tour 6, Seite 32)
Hildegardstraße 1,
Tel. 233 69 77,
www.conviva-muenchen.de,
So/Fei ab 17 Uhr, in den bayerischen
Schulferien geschl., €€

Ein heller hoher Werkraum mit kahlen Wänden und nackten Holztischen – kann dort Essen ein Genuss sein? Und ob, die Speisen auf der Mittags- und Abendkarte zeigen Experimentierlust und bieten Gaumenfreuden vom Feinsten. Abends mischen sich unter die Restaurantgäste die Theaterbesucher und Schauspieler, die nebenan ihren Kantinenbereich haben. Aber das eigentliche Besondere: Conviva ist ein Beschäftigungsprojekt mit Menschen, die ein geistiges oder psychisches Handicap haben.

Cooperativa (Glockenbachviertel, Tour 22, Seite 96)
Jahnstraße 35, Tel. 20 20 76 20,
www.cooperativa.de, ab 17 Uhr geöffnet, €
Ein kleines, angesagtes Lokal im Glockenbachviertel mit dem Flair eines Bahnhofswartesaals. Die Spezialität der Küche sind die »Rusticos«, Gegrilltes mit tollen frischen Gartensalaten und leckeren Dips. Leider kann man hier nicht vorbestellen, deshalb kann es sein, dass in den Nischen kein Platz mehr frei ist und man an den langen Tischen, wie im Wirtshaus, auch schon mal zusammenrücken muss.

Eataly (Innenstadt Tour 4, Seite 23)
Schrannenhalle – Viktualienmarkt 15, www.eataly.net
Marktbereich: Mo–Sa 9.30–20 Uhr;
Restaurants: Mo–So 11.30–22.30 Uhr;
teilweise 15–18 Uhr geschl.
Mit seinem unwiderstehlichen Mix aus Feinkostkaufhaus und Markt, Restaurants und Gastroständen zieht das italienische Delikatessenhaus Einheimische und Touristen an. In der Kochschule

oder im Gastbereich der »open kitchen« erlebt man, wie Mozarella, Brot, Pasta und Pizza hergestellt werden.

Kalypso (Westschwabing, Tour 13, Seite 59)
Agnesstraße 8, Tel. 20 03 86 86, www.kalypso.de, €€
Wer hier in Schwabing wie einst Odysseus an Mittelmeergestaden strandet, kann den Verlockungen einer ausgesuchten Weinkarte und frisch zubereiteter Fischgerichte kaum widerstehen. Man muss ja nicht, wie weiland der griechische Held bei der Meerfrau, gleich sieben Jahre bleiben. Oder doch? Zu den Stammgästen gehören Künstler, Professoren und andere Kulturschaffende aus dem städtischen Leben.

Klinglwirt (Haidhausen Tour 18, Seite 80)
Balanstraße 16, Tel. 85 67 61 99, www.klinglwirt.de, €–€€
Mo-Sa 17–0, Do 11.30–14, So 11–23 Uhr
Eine gemütliche Dorfwirtschaft mit knalliger roter Holzvertäfelung mitten in der Großstadt. Hier werden bayerische Speisen aus nachhaltig produzierten Lebensmitteln serviert. Die Atmosphäre ist locker und entspannt, der Service sehr freundlich.

Maria (Glockenbachviertel, Tour 22, Seite 96)
Klenzestraße 97, Tel. 20 24 57 50, www.dasmaria.de,
Di-Sa 8.30 –22.30, Mo, So/Fei 9–19 Uhr, €–€€
Was macht eigentlich ein Lieblingslokal aus? Ein bisschen fühlt man sich wie zu Hause unter Freunden, ein bisschen wie im Urlaub auf Sardinien oder in der Provence, auch wenn da zwei ausgeblichene Fotos von Münchens touristischem Marienplatz und

einer Stadtautobahn hängen –, aber das ist ja vielleicht schon wieder witzig. Feine Speisekarte mit täglich wechselnden Gerichten, schöne Holztische und Stühle ohne Lehne. Für abends unbedingt vorbestellen!

Prinz Myshkin (Hackenviertel, Tour 5, Seite 27)
Hackenstr. 2, Tel. 26 55 96, www.prinzmyshkin.com, €€
Immer noch der edle Klassiker unter Münchens vegetarischen Restaurants. Hier speist man unter hohen, weiß getünchten Gewölben. Das puristische Ambiente – aufgelockert durch markante Farbtupfer von den Bildern – entspricht ganz dem Zeitgeist. Die Tageskarte bietet leckere, raffiniert zubereitete Speisen. Manche mit italienischem Touch, manche sind indisch oder fernöstlich inspiriert. Ob Vorspeisen, Pizzas oder Klassiker – auch Veganer finden etwas.

Sasou (Innenstadt, Tour 1, Seite 12)
Marienplatz 28 (Ecke Rosenstraße), Tel. 26 37 01, www.sasou.de, So geschl., €€€
Vor den Augen der Gäste zaubern die flinken Köche in der offenen Küche des Sasou leichte asiatische Köstlichkeiten wie Suppen, Salate und Fingerfood. Ein kleines, herrlich unkompliziertes Restaurant mit Selbstbedienung im hektischen Getümmel der Fußgängerzone. Die Atmosphäre ist wohltuend entspannt, was bei einer nach Feng Shui gestalteten Inneneinrichtung nicht weiter verwundert.

Schmock (Westschwabing, Tour 9, Seite 44)
Augustenstr. 52, Tel. 52 35 05 35,
www.schmock-muenchen.de, ab 18 Uhr, €€
Im ersten Raum des schönen Altbaus empfängt einen die Bar mit ihrem prächtigen Jugendstilfenster und den stuckierten Wänden. Im Speiseraum nebenan werden israelisch-orientalische Gourmetspezialitäten serviert. Übrigens, wer Sinn für Humor hat, fragt den Kellner, was das Jiddische »schmock« ins Bayerische übersetzt heißt.

Seehaus im Englischen Garten (Schwab., Tour 11, Seite 50)
Kleinhesselohe 3, Tel. 381 61 30,
www.kuffler-gastronomie.de, €€
Mit Blick auf die Wasserfläche des Kleinhesseloher Sees kann man sich ganz dem Genuss von leckeren Fischgerichten, bayerischen Schmankerln und bodenständiger regionaler Küche hingeben – ob in der lichten Speisehalle mit den lachsroten Säulen, in den Zirbelstuben, auf der Sonnenterrasse oder im Biergarten am Seeufer.

Spatenhaus an der Oper (Innenstadt, Tour 6, Seite 31)
Residenzstr. 12, Tel. 290 70 60, www.kuffler-gastronomie.de, €€–€€€
Gepflegt bayerisch tafeln in Augenhöhe mit Bayerns erstem König – das Restaurant am Max-Joseph-Platz vor der Oper macht es möglich. Die etwas bodenständigere Küche gibt es auf der Terrasse und im EG; die feinere Küche mit Fisch und Gerichten nach alten alpenländischen Rezepten wird im OG serviert.

Dallmayr

In vielen der unten beschriebenen Geschäfte liegt kostenlos der »DesignGuide« aus, der Lust macht, zu schmökern und weitere Läden für sich selbst zu entdecken. Die Broschüre »Königlich Bayerische Hoflieferanten« ist u. a. in der Stadtinformation erhältlich und im Internet unter www.koeniglich-bayerische-hoflieferanten.de oder unter www.muenchen.de zu finden.

Apartment (Maxvorstadt, Tour 10, Seite 48)
Barerstr. 49, Tel. 448 24 40, apartment-shop.com
Von mexikanischen Hausaltären über Plastikkörbe aus Thailand bis hin zu Lampen und Lampions aus Indien lassen sich Ethno-kitsch und witzige Wohnaccessoires aus der ganzen Welt in dem winzigen, schrill-bunten Ladenraum entdecken. Hier hat man Zeit, und so kann es schon mal über den Verkaufstresen hinweg zu einem Erfahrungsaustausch unter Globetrottern kommen.

BrauseSchwein (Neuhausen, Tour 28, Seite 118)
Frundsbergstr. 52, Tel. 13 95 81 12, www.brauseschwein.de 
Ein bisschen kommt man sich vor wie Harry Potter bei einem seiner Ausflüge in die Winkelgasse oder in den Honigtopf. Ähnlich fantastisch-exotisch ist das Sortiment an Scherz- und Spielzeugartikeln, Süßigkeiten und Zauberzubehör. Was man in die Finger bekommt, quietscht, rasselt, rülpst oder wiehert. Zwischen zitronengelben und schweinchenrosa Wänden kann man stundenlang in den Kuriositäten stöbern.

Dallmayr (Innenstadt, Tour 2, Seite 16)
Dienerstr. 14, Tel. 21 35 0, www.dallmayr.de
Münchens ältestes Delikatessenhaus ist ein Dorado für Feinschmecker und Genießer. Aus marmornen Theken werden die erlesenen Köstlichkeiten angeboten, in einem marmornen Brunnenbecken tummeln sich Edelkrebse, und Verkäuferinnen in blauem Kleid und weißer Schürze wiegen die Ware sorgfältig ab. Beim Betreten der Kaffeeabteilung duftet es so verlockend, dass selbst eingefleischte Teetrinker schwach werden könnten.

Isabella Hund (Innenstadt, Tour 1, Seite 12)
Frauenplatz 13, Eingang Schäfflerstraße, Tel. 29 16 07 17, www.isabella-hund.de
Der »Passion des Schlichten« hat sich die Schmuckdesignerin und Galeristin Isabella Hund auch bei der Gestaltung ihrer Ladengalerie verschrieben: strenger Purismus von der Theke bis

zur Auslage. Ein tresorartiger Raumteiler aus Edelstahl und Ahornholz trennt die Werkstatt vom Verkaufsraum. Präsentiert werden die eigene Kollektion und die Werke zeitgenössischer internationaler Schmuckkünstler.

Lilian (Lehel, Tour 9, Seite 84)
Liebherrstr. 10, Tel. 21 02 17 00, www.lilian-muenchen.de
Verspielt, romantisch und verträumt ist die Damenmode des dänischen Labels Noa Noa, das hier den Hauptanteil des Sortiments ausmacht. Feminines gibt es auch von Labels wie Kookai, Sonia Fortuna, Tandem und Transit. Dazu finden sich jede Menge Geschenke und Accessoires.

Ludwig Beck
(Innenstadt, Tour 2, Seite 16)
Marienplatz 11, Tel. 23 69 10,
www.ludwigbeck.de
Das »Kaufhaus der Sinne« bietet alles, was das Einkaufen zu einem Schau-, Hör-, Wohlfühl-, Duft- und Geschmackserlebnis machen kann, u. a. Designermode, eine bestsortierte CD-Abteilung für Klassische Musik und Jazz, einen hauseigenen Spa-Bereich, ein Café und eine Chocolaterie.

Manufactum im Alten Hof (Innenstadt, Tour 2, Seite 16)
Dienerstr. 12, Tel. 242 436 69, www.manufactum.de
Wer nicht den Trend, sondern das Beständige sucht, wird in dem Warenhaus von Manufactum fündig: Hier gibt es hochwertige

und langlebige schöne Gegenstände des täglichen Gebrauchs – Küchengeräte, Wohnaccessoires und funktionsorientierte Möbel, Büroartikel, Textilien, Werk- und Spielzeug. Staunen kann man über Wiederentdeckungen wie den Badezuber vom Böttcher oder unverwüstliche Jacken aus Deutschleder. Genießer werden in der Abteilung Brot und Butter glücklich. Zur Geschäftsphilosophie passt das Ambiente der schnörkellosen Säulenhallen von Münchens alter Kaiserresidenz.

Nicki Marquardt (Schwabing, Tour 10, Seite 48)
Türkenstr. 78, Tel. 28 80 80 01, www.nickimarquardt.de
Edle Hüte, schlichte Hüte, gestrickte Hüte, federbesetzte Hüte, Strohhüte, weiße Hüte, bunte Hüte – bei der sympathischen Designerin Nicki Marquardt finden Sie alles, was Ihren Kopf kleidet – einige Hüte herrlich extravagant, andere bestens für den Alltag geeignet. Alle Kreationen sind in der Meisterwerkstatt handgefertigte Unikate – und echte Hingucker.

Obacht' (Innenstadt, Tour 7, Seite 35)
Ledererstr. 17, Tel. 18 90 42 61, www.obacht-web.de
Was hier über den Designer-Ladentisch geht, hat Stil und weckt Heimatgefühle – ob Brotzeitbrett mit Brezn- oder Weißwurstmotiv, Flachmann aus Edelstahl mit Hirschgeweih, das Münchner Kindl als Matrjoschka-Puppe oder Handgestricktes fürs Mobiltelefon. Die Andenken und Mitbringsel besitzen allesamt hohe handwerkliche Qualität und werden in der Region hergestellt.

Radspieler (Hackenviertel, Tour 5, Seite 27)
Hackenstr. 4 und 7, Tel. 235 08 90, www.radspieler.com
Seit Generationen ist das Einrichtungsfachgeschäft in München die Adresse für guten Geschmack, Stilsicherheit und »vieles, was Wohnen schöner macht« – Möbel aus eigener Werkstatt, Stoffe, Geschirr, edle Tischwäsche, Küchenaccessoires, aber auch Mode. Schon beim Betreten des hellen, freundlichen Ladenraums am Haupteingang nimmt einen das Flair des über 150-jährigen Hauses gefangen. Während seines München-Aufenthalts hatte hier Heinrich Heine gewohnt.

Slips (Gärtnerplatzviertel, Tour 22, Seite 95)
Am Gärtnerplatz 2, Tel. 202 25 00, www.slipsfashion.com
In diesem trendigen Fashion-Store kann man bei House- oder Futurejazzmusik entspannt Designerbikinis und Unterwäsche anprobieren. Auch für oben und unten herum gibt es eine exklusive Auswahl an Taschen, Schuhen, Accessoires, Kosmetik sowie Mode für Sie und Ihn.

StoffArt (Neuhausen, Tour 28, Seite 118)
Volkartstr. 17, Tel. 168 41 51, www.stoffart-muenchen.de
Ein stilvoller Laden mit individueller Damenmode, die fair hergestellt wird. Was man hier kauft, ist aus reinen Naturfasern ohne gesundheitsschädliche Chemikalien hergestellt. An den Kleiderstangen hängt auch die eigene Kollektion, und dazu kommt eine feine Auswahl an Accessoires, Schals und Schuhen.

Theresa (Innenstadt, Tour 2, Seite 14)
Maffeistr. 3, Tel. 22 48 45, www.theresa.de
Die bekannte Münchner Designerboutique im eleganten Schäfflerblock ist ein Muss für alle Modebewussten – Luxusware von Kopf bis Fuß mit einer Riesenauswahl an Kleidern, Accessoires, Modeschmuck, Taschen und Schuhen. Hier gibt es auf 1300 m² alles, was auf dem internationalen Laufsteg Rang und Namen hat – von A wie Alessandro Dell'Acqua bis Z wie Zac Posen.

Tragbar (Schlachthofviertel, Tour 25, Seite 107)
Zenettistr. 33, Tel. 76 70 39 74, www.tragbar.info,
So/Mo geschl.
In der nostalgisch und liebevoll eingerichteten Ladenwerkstatt der Goldschmiedinnen Anne Gericke und Sarah Lierl gibt es Schmuck zum Mitnehmen. Individuell und kultig: die Silberketten mit Acrylglasfenster, in denen winzige Figuren agieren.

Venus (Haidhausen, Tour 18, Seite 79)
Wörthstr. 1, Tel. 48 56 87, www.venus-muenchen.de
So viele Bewohnerinnen des Viertels können da nicht irren: Venus ist *der* Modeladen in Haidhausen, in den man sich verlieben kann. Lässige, nachbarschaftliche Atmosphäre, auf den Kleiderstangen hängt Damenmode von sportlich über feminin bis hin zu sexy, und oben an der Eingangstür begrüßt ein frecher Putto die Kundinnen.

Top-Adressen – Shopping

Von klassisch bis experimentierfreudig reicht die Programmvielfalt von Münchens Kulturleben und Nachtszene. Hier finden Bar-, Bühnen- und Musikliebhaber einige Anregungen.

Deutsches Theater (Innenstadt)

Schwanthalerstr. 13, Tel. 55234444, www.deutsches-theater.de
Auf Münchens Musicalbühne gastieren regelmäßig Hits wie Tanz der Vampire, The Nutcracker reloaded und Alive and Swingin'. In der Faschingszeit verwandelt sich das Deutsche Theater in einen der schönsten Ballsäle der Stadt.

Goldene Bar (Lehel, Tour 20, Seite 86)

Prinzregentenstraße 1, Tel. 54 80 47 77, www.goldenebar.de, Mo–Sa 10–2, So 10–20 Uhr
Klasse Cocktails, auch das ungewöhnliche Interieur ist einen Besuch wert: Die goldenen Wände mit den Malereien aus der

Zeit des Nationalsozialismus haben der vielfach ausgezeichneten Bar im Haus der Kunst ihren Namen gegeben.

GOP Varieté-Theater (Innenstadt)
Maximilianstr. 47, Tel. 210288444, www.variete.de,
Mo/Di spielfrei
Entertainment auf höchstem Niveau bietet die moderne Varietébühne mit Restaurant in den Räumen der früheren Kleinen Komödie am Max-II.-Denkmal.

Improtheater Isar 148
Wechselnde Veranstaltungsorte, www.isar148.de,
www.fastfood-theater.de, office@isar148.de
Aus dem Publikum kommen Stichwörter, werden von den Schauspielern auf der Bühne blitzschnell aufgegriffen und schlagfertig zu urkomischen, wahnwitzigen, bisweilen nachdenklichen Geschichten versponnen. Die Zuschauer johlen, feixen, sind begeistert dabei. So oder ähnlich ist die Stimmung, wenn die Münchner Improvisationstheater-Künstler in Aktion treten.

Jazzclub Unterfahrt im Einstein
(Haidhausen, Tour 7, Seite 36)
Einsteinstraße 42,
Tel. 4 48 27 94,
www.unterfahrt.de,
Mo–Do bis 1, Fr/Sa bis 3 Uhr
Durch katakombenartige Gänge in den Gewölben der Brauerei geht es zu dem bekannten

Münchner Jazzclub im Untergrund. Auf der Bühne treten internationale Stars ebenso auf wie die junge Avantgarde oder Nachwuchstalente aus München und Umgebung.

Lustspielhaus (Schwabing, Tour 12, Seite 55)
Occamstraße 8, Tel. 34 49 74, www.lustspielhaus.de
Beliebte Schwabinger Bühne für Lesungen, Musik-, Theater- und Kabarettaufführungen. Auf dem Podium treten u. a. Bruno Jonas, Axel Hacke, Willi Astor oder die Spider Murphy Gang auf. Auch der kulinarische Genuss kommt nicht zu kurz, denn man kann die Vorstellung mit Menü buchen: Bis kurz vor Vorstellungsbeginn werden die ersten zwei Gänge serviert, das Dessert kommt in der Pause.

Muffatwerk (Au, Tour 17, Seite 75)
Zellstraße 4, Tel. 45 87 50 10, www.muffatwerk.de
Das Industriedenkmal Muffatwerk an der Isar gehört mit seinem vielfältigen Veranstaltungsprogramm an Konzerten, Tanz- und Theatervorstellungen, Lesungen und Performances zu den führenden Adressen in Münchens Kulturleben und Nachtszene. Ob Halle, Café, Biergarten, Terrasse oder der **Club Ampere** direkt unter dem Schornstein – das Muffatwerk steht wie eh und je für Energie.

Prinzregententheater
(Bogenhausen, Tour 20)
Prinzregentenplatz 12,
Theaterkasse Tel. 21 85 28 99;
Tischreservierung Tel. 410 74 826;
www.prinzregententheater.de

Gourmet- und Schauspielkunst in dem prächtigen, im Stilmix von Neoklassizismus und Jugendstil erbauten Prinzregententheater in Bogenhausen. Musical-, Theater- und Konzertaufführungen gibt es auf der großen Bühne des »Amphitheaters« und auf der Experimentierbühne der Akademie; im **Restaurant Prinzipal** werden Köstlichkeiten der Firma Alfons Schuhbeck serviert.

Schumann's (Innenstadt)
Odeonsplatz 6–7, Tel. 22 90 60, www.schumanns.de, tgl. bis 3 Uhr

Über die legendäre Charles Schumann's Bar, die 22 Jahre in der Maximilianstraße ansässig war, haben bekannte Autoren geschrieben. Heute residiert die Bar in dem klassizistischen Basargebäude am Hofgarten. Auch am neuen Ort stimmt alles: das Interieur, die Drinks und der Publikumsmix aus Geschäftsleuten, Künstlern und anderen Zeitgenossen – sonntagabends Live-Klaviermusik.

Wirtshaus im Schlachthof (Schlachthof, Tour 25, Seite 105)
Zenettistraße 9, Tel. 72 01 82 64, www.im-schlachthof.de, Mo–Sa ab 17, So ab 18 Uhr

Auch von außen ein schönes Münchner Wirtshaus aus rotem Backstein mit kleinem Biergarten am Städtischen Viehhof – frischer kann die Weißwurst nicht sein. Auf der Bühne gibt es Kabarett, Improvisationstheater, Rock- und Popkonzerte. Auch der Nebenraum »Zum Ox« wird bespielt. Montags finden im großen Saal Ü33-Partys statt.

Fundbüros

- Für Verluste auf Straßen und in städt. Verkehrsmitteln: **Fundstelle der Stadtverwaltung,** Ötztaler Straße 19, fundbuero.kvr@muenchen.de, Tel. 233-960 45
- Für Züge und Bahnhof: **Fundstelle** im Hauptbahnhof, Haupthalle links, Bahnhofsplatz 2, Tel. 13 08 66 64, Mo–Fr 7–20, Sa/So/Fei 8 bis 18 Uhr
- Am Flughafen: **Zentralbereich,** Terminal 1, Ebene 03, Tel. 97 52 13 70, Mo–So 6–23 Uhr

Informationen

- **Hotelreservierung:** z. B. tourismus.gs@muenchen.de, www.motel-one.com, www.expedia.de/Munchen-Hotel, www.booking.com
- **München Tourismus:** tourismus.gs@muenchen.de, Tel. 23 39 65 00,
- **Tourist-Information** am Hauptbahnhof (Bahnhofsplatz 2), Mo–Sa 9–20, So 10–18 Uhr
- **Tourist-Information** am Marienplatz, Neues Rathaus, Mo–Fr 9.30–19.30, Sa 9–16, So 10–14 Uhr

Weitere Adressen:
- www.museen-in-muenchen.de
- www.kunstareal.de
- www.schloesser-bayern.de
- www.allianz-arena.de
- www.citysports.de/muenchen

Kartenvorverkauf

- **München-Ticket GmbH:** Rathaus, Zugang Dienerstr., Mo–Fr 10–19, Sa 10–14 Uhr, Tel. 54 81 81 81; www.muenchenticket.de
- Events auf dem Olympiagelände: **Pavillon am Olympia-Eisstadion,** Mo–Fr 13–18, Sa 10–16 Uhr, oder bei München-Ticket im Gasteig und in der Tourist-Information im Hauptbahnhof, Tel. 54 81 81 81

- **Staatsoper:** Marstallplatz 5, Tel. 21 85 19 20, www.bayerische.staatsoper.de
- **Staatsschauspiel:** Max-Joseph-Platz 1, Tel. 21 85 19 40
- **Kammerspiele:** Maximilianstr. 26, Tel. 23 39 66 00, www.muenchner-kammerspiele.de
- **Kiosk im Marienplatz-Untergeschoss:** Tel. 29 25 40
- **Karten für Fußballspiele** gibt es an den Vorverkaufsstellen oder direkt über die Vereine:
FC Bayern, Tel. 69 93 13 33, www.fcbayern.de;
TSV 1860, Tel. 6 42 78 50, www.tsv1860.de

Kostenlos

oder für 1 € sind bis auf das Deutsche Museum fast alle staatl. Museen sonntags, Sonderausstellungen der Sammlungen jedoch nicht. Musikgenuss zum Nulltarif hat man auf dem Tollwood Festival, im Sommer bei Konzerten im Theatron (Oympiapark) und laufend in der Musikhochschule.

Notruf

- **Polizei:** Tel. 110
- **Feuerwehr/Rettung:** Tel. 112
- **Ärzlicher Bereitschaftsdienst:** Tel. 116 117
- **Zahnärztlicher Notdienst:** Tel. 7 23 30 93/94

Post

- **Ludwigsvorstadt – Isarvorstadt,** Bahnhofsplatz 1, Tel. 5 99 08 70; Mo–Fr 8–20, Sa 9–16 Uhr. SB-Bereich immer geöffnet.

Veranstaltungshinweise

- www.muenchen.de
- Kioske und Buchläden verkaufen das Monatsprogramm **München** und die Stadtzeitung **Prinz.**
- Kostenlos liegt in Lokalen und Kinos das Veranstaltungsheft **in** aus.

Vorwahl

- München: 089

Anreise

• Mit dem Flugzeug

Vom Flughafen München, Tel. 089 975-00, m.munich-airport.de, gelangt man entweder mit der **S-Bahn in die City** (S1/S8, etwa alle 20 Min., www.mvv-muenchen.de); oder man nimmt den **Lufthansa Airport Bus** ab Terminal 1 (A) bzw. 2 (Ebene 03) über München Schwabing (Nordfriedhof) nach München Hauptbahnhof (alle 20 Min., Fahrzeit ca. 35 Min.). Tickets im Bus oder vorab online erhältlich: www.airportbus-muenchen.de.

Mit dem **Taxi in die City** bzw. zum Flughafen: **Taxi München:** Tel. 21 61 0 oder 194 10
IsarFunk: Tel. 45 05 40

• Mit der Bahn

Züge der DB (www.bahn.de) halten u. a. am Münchner Hauptbahnhof.

• Mit dem Bus

Linienbusse fahren München häufig an (Online-Buchung: www.busliniensuche.de).

Öffentlicher Nahverkehr

S-, U-, Straßenbahnen und **Busse** sind im Münchner Verkehrs- und Tarifverbund, **MVV**, zusammengeschlossen. Informationen bei www.mvg-mobil.de, www.mvv-muenchen.de, Tel. 41 42 43 44, oder im **Kundencenter** im Fußgängeruntergeschoss der Ⓗ Marienplatz (Mo–Fr 8–20, Sa 9–16 Uhr).

• MVG-Kundencenter

Hauptbahnhof im Zwischengeschoss der S- und U-Bahnstation, Abgang zur U1/U2, Mo–Fr 8–20, Sa 9–16 Uhr

• Tarife

Das MVV-Tarifgebiet ist in **vier Zonen** bzw. 16 Ringe eingeteilt. Im Innenraum (weiße Zone) kostet eine Einzelfahrkarte 2,70 €, mit der Streifenkarte 2,50 € (2 Streifen).

Kurzstrecken (bis zu 4 Haltestellen mit Bus oder Straßenbahn, 2 Haltestellen mit Ⓢ oder Ⓤ) kosten mit Einzelfahrkarte 1,30 €, mit blauer Streifenkarte ebenfalls (1 Streifen). Kinder unter 6 Jahren fahren gratis, bis zum 14. Lebensjahr pro Fahrt 1,40 € (Einzelfahrkarte oder 1 Streifen).

Für die mehrfache Nutzung öffentlicher Verkehrsmittel an einem Tag empfehlen sich **Ein- oder Mehrtageskarten,** die für beliebig viele Fahrten bis 6 Uhr früh des folgenden Tages gelten (Single-Tageskarte für den Innen- oder Außenraum zu 6,40 € bzw. 12,40 € für das gesamte Tarifgebiet, 3-Tage Innenraum 16 €, Gruppenkarte Innenraum für bis zu 5 Erwachsene oder 10 Kinder 12,20 €, Gesamtnetz 23,20 €).

- **Straßenbahn**

Münchens gut ausgebautes Netz (tagsüber alle 7–10 Min., ab etwa 21 Uhr alle 20 Min.) bietet auch zahlreiche **Nachtlinien** (www.mvg-mobil.de/nachtlinien.htm)

Parken

Die zügigste und umweltverträglichste Art, durch die Stadt zu kommen, ist die Benutzung der öffentlichen Verkehrsmittel. Einen Parkplatz zu finden, ist alles andere als leicht.

Es gibt Stadtteile, wie die Au, das Lehel oder Haidhausen, mit Parklizenzbereichen, in denen nur die Anwohner für längere Zeit parken können.

Parkhäuser für die Innenstadt

- **Am Färbergraben 10**

400 Plätze, Mo–Sa 7–24 Uhr. Zufahrt über Altheimer Eck, Tel. 26 61 77

- **Parkgarage Gasteig**

Rosenheimer Straße 5, gegenüber der Esso-Station, rund um die Uhr geöffnet.

- **Tiefgarage vor der Oper**

Max-Joseph-Platz, 427 Plätze, durchgehend geöffnet, Tel. 29 41 87

- **Park & Ride Anlage Fröttmaning**

BAB 9 Ausfahrt Fröttmaning, 1270 Plätze für Pkw; rund um die Uhr geöffnet. Benutzung für Fahrgäste der öffentlichen Verkehrsmittel: in 17 Min. kommt man mit der U6 zum Marienplatz.

Register

Adlzreiterstraße 107
Ainmillerstraße 58
Akademie der Bildenden Künste 48
Allerheiligen-Hofkirche 31
Allianz Arena 64
Alpines Museum 75
Alte Pinakothek 43
Alter Nördlicher Friedhof 48
Alter Simpl 47
Altes Hackerbräuhaus 27
Altes Schloss Schleißheim 70
Altschwabing 50
Amalienburg 124
An der Kreppe 78
Arkaden am Hofgarten 40
Asamkirche (St. Joh. Nepomuk) 26
Asampassage 27
Asam-Schlössl 111
Au 98
Auer Dult 98
Auer Mühlbach 99
Augustenstraße 44
August-Exter-Straße 126
Augustiner Klosterwirt 11

Bamberger Haus 64
Barerstraße 48
Bavaria 115
Bavariapark 116
Bayerischer Hof 11
Bayerisches Nationalmuseum 86
Bayerisches Nationaltheater 30
Bier- und Oktoberfestmuseum 35
Binette-Schroeder-Kabinett 128
BMW Museum 67
BMW Welt 66
Bogenhausen 90
Bordeauxplatz 80
Bothmerstraße 119
Brücke am Hirschanger 52
Brunnendenkmal für
  Karl Valentin 23
Brunnendenkmal für
  Liesl Karlstadt 23
Bürgersaal 11

Chinesischer Turm 51
Claude-Lorrain-Straße 104
Cuvilliéstheater 32

Dallmayr 16
Denkmal der Opfer des
  Nationalsozialismus 39
Denkmal für den Widerstand 40
Denkmal für Ludwig von Sckell 51
Deutsche Museum Flugwerft 72
Deutsches Museum 76
Dreifaltigkeitsplatz 24
Dreimühlenstraße 108

Ehrengutstraße 108
Ehrentempel 39
Einsteinstraße 36
Elisabethmarkt 59
Elisabethplatz 59
Englischer Garten 50
Erzbischöfliche Palais 19

Feilitzschstraße 54
Feldherrnhalle 40
Feuchtwanger, Lion 82
Flaucher 112
Flauchersteg 112
Floßlände 111
Floßmannstraße 127
Franz-Prüller-Straße 99
Frauenkirche 11
Fraunhoferstraße 94
Freibad Maria Einsiedel 110
Friedensengel 87
Frundsbergstraße 118
Fünf Höfe 14
Fürstengruft 11

Galerie Karl Pfefferle 94
Gärtnerplatz 95
Gärtnerplatztheater 95
Gasteig 74
Geburtshaus Karl Valentins 99
Gedenktafel 39
Georg-Brauchle-Ring 66
Georgenschwaige 63
Gern 118

154

Giselastraße 58
Glockenbachquartier 94
Glyptothek 44
Gollierstraße 116
GOP Varieté-Theater 32
Görresstraße 48
Gotzinger Platz 108
Graf, Oskar Maria 19, 47
Großmarkt 108
Gunezrainerstraße 55

Hackenstraße 27
Hackenviertel 26
Haidhausen 36, 78
Hans-Sachs-Straße 96
Hauptsynagoge 28
Haus der Kunst 40, 86
Heiliggeistkirche 23
Herz-Jesu-Kirche 119
HighLight Towers 63
Hildebrandhaus 90, 91
Hochschule für Musik und Theater 39
Hofbräuhaus 34
Hofbräukeller 36, 78
Hofgarten 20
Hofstatt 26, 27
Hohenzollernstraße 60
Humboldtstraße 104

Implerstraße 108
Innere Wiener Straße 36
Institutsgebäude und Museum für Abgüsse 39
Internationale Jugendbibliothek im Schloss Blutenburg 128
Isar 84
Isartor 24, 36, 84

Jahnstraße 96
Japanisches Teehaus 52
Johannisplatz 79
Josephsplatz 48
Jüdische Gemeindezentrum 28
Jugendstil-Häuser 58

Kabelsteg 75
Kabinettsgarten 31
Käfer, Feinkost und Schänke 88
Kaiserstraße 60
Kammerspiele im Schauspielhaus 32
Karlsplatz 10
Karlstor 10
Kazmairstraße 116
Klee, Paul 56
Kleinhesseloher See 50
Klenzestraße 95
Königsplatz 38, 42, 43
Kriechbaumhof 79
Kubus/Café Ludwig 62
Kulturzentrum am Gasteig 80
Kunsthalle der Hypo-Kulturstiftung 14, 15
Kunsthof Türkenstraße 48
Künstlervilla von Franz von Lenbach 44

Lagerhausstraße 108
Lehel 82
Leopoldstraße 56
Literaturhauses 19
lothringer 13 80
Ludwig Beck 16
Ludwig-Maximilians-Universität 46
Ludwigsbrücke 76
Ludwigskirche 46
Ludwigstraße 56
Luitpoldblock 19
Luitpoldpark 64
Lukaskirche 82, 84

Maffeistraße 14
Mandlstraße 55
Mariahilfkirche 98
Mariahilfplatz 98
Maria-Theresia-Straße 90, 91
Marienplatz 12
Marstallmuseum 124
Marstallplatz 31

Maximilianeum 90
Maximilianhöfe 31
Maximiliansanlagen 91
Maximilianstraße 32, 83
Max-Joseph-Platz 16
Maxvorstadt 46
Max-Weber-Platz 78
Max Zwo-Denkmal 84
Meißener Porzellan-Sammlung 72
Michael-Ende-Museum 128
Milbertshofen 62, 66
Monacensia 91
Monopteros 52
Montgelasstraße 92
Muffatwerk 75
Müllersches Volksbad 74
Münchner Freiheit 50
Münchner Jüdisches Museum 28
Münchner Stadtmuseum 28
Museum Brandhorst 43
Museum fünf Kontinente 82, 83
Museumsinsel 76
Museumsmeile 86
Museum Villa Stuck 87
MVV 152

Neue Pinakothek 43
Neues Rathaus 12
Neues Residenztheater 31
Neues Schloss Schleißheim 70
Neuhausen 118
Notruf 151
NS-Dokumentationszentrum
  München 39

Oberschleißheim 70
Odeonsplatz 18, 40
Olympia-Schwimmhalle 68
Olympiastadion 68
Olympiaturm 67
Orthstraße 127
Ostfriedhof 100
Ost-West-Friedenskirche 68

Parken 153
Pasing 126

Pasinger Fabrik 126
Paulaner am Nockherberg 100
Petersbergl 22
Peter-Vischer-Straße 127
Petuelpark 62
Pinakothek der Moderne 42
Platzlgasse 35
Polizeirevier 35
Prannerpassage 15
Praterinsel 75
Preysing-Palais 15
Preysingplatz 80
Preysingstraße 79
Prinzregentenstadion 88
Prinzregentenstraße 86
Prinzregententheater 88
Promenadeplatz 11

Regierung von Oberbayern 83
Reichenbachstraße 94
Residenz 15
Residenzmuseum 16
Riemerschmid, Likörfabrik 75
Ringelnatz, Joachim 47
Roecklplatz 107
Rosengarten 104
Rosenheimer Platz 78, 82
Ruhmeshalle 115

Salvatorkirche 18
Salvatorplatz 19
Sammlung Café Luitpold 20
Sammlung Schack 87
Sankt-Ursula-Kirche 58
Schäfflerblock 14
Schauburg am Elisabethplatz 59
Scheidplatz 64
Schellingstraße 47
Schlachthofquartier 106
Schloss Blutenburg 127
Schlosskapelle 128
Schloss Lustheim 71
Schloss Nymphenburg 122
Schloss Suresnes 55
Schmellerstraße 106

Schrannenhalle 23
Schutzengelgruppe 11
Schwabing 54, 58
Sea Life 67
Sebastiansplatz 28
Seestraße 55
Seidlvilla 56
Sendling 108
Sendlinger Straße 26
Sendlinger Tor 26
Siegestor 56
Spitzweg, Carl 103
Staatliches Museum
  Ägyptischer Kunst 43
Stachus 10
Städtische Galerie im
  Lenbachhaus 44
Standesamt 55
St. Anna, Klosterkirche 82
St. Anna, Pfarrkirche 82
St.-Anna-Platz 82
St.-Anna-Straße 83
St. Georg, Pfarrkirche 92
St.-Jakobs-Platz 27
St. Johann Baptist, Pfarrkirche 79
St. Maria Thalkirchen, Wallfahrtskirche 112
St. Maximilian, Pfarrkirche 96
St. Michael 11
St. Nikolai, Kirche 74
St. Peter, Stadtpfarrkirche 22
St. Stephan, Friedhofskapelle 102
St. Sylvester, Pfarrkirche 55
Südfriedhof, Alter 102

Taxi 153
Taxisgarten 120
Tegernseer Landstraße 100
Theatinerkirche St. Kajetan 18
Theatron 68
Theresienstraße 42, 44
Theresienwiese 114

Thierschstraße 84
Thomas-Mann-Allee 92
Thomas-Mann-Bär 19
Thomas-Mann-Villa 92
Tierpark Hellabrunn 110
Tizianstraße 120
Tollwood Sommerfestival 68
Türkenstraße 48

Ublackerhäusl 79

Valentin, Karl 47
Valentin-Karlstadt-Musäum 24
Vater-Rhein-Brunnen 76
Verkehrszentrum des Deutschen
  Museums 115
Vieregghof 55
Viktualienmarkt 23
Villenkolonie I 127
Viscardigasse 40
Viscardi Hof 14
Volkartstraße 118

Walking Man 56
Wedekind, Frank 47, 54
Wedekindplatz 54
Weinstraße 14
Weißenburger Platz 80
Weißes Bräuhaus 35
Werneckschlössl 55
Werneckstraße 55
Westend 114
Westerholzstraße 127
Westermühlstraße 96
Wiener Platz 36, 78
Wilhelm-Düll-Straße 120
Wilhelm-Hausenstein-Weg 92
Wirtshaus im Schlachthof 107
Wittelsbacher Brücke 104
Wohnturm Park Plaza 116

Zenettistraße 107
Zeppelinstraße 99

Impressum

Liebe Leserin, lieber Leser,
wir freuen uns, dass Sie sich für diesen POLYGLOTT zu Fuß entdecken entschieden haben.

Unsere Autorinnen und Autoren sind für Sie unterwegs und recherchieren sehr gründlich, damit Sie mit aktuellen und zuverlässigen Informationen auf Reisen gehen können. Dennoch lassen sich Fehler nie ganz ausschließen. Wir bitten Sie um Verständnis, dass der Verlag dafür keine Haftung übernehmen kann.

Ihre Meinung ist uns wichtig. Bitte schreiben Sie uns:
TRAVEL HOUSE MEDIA GmbH, Redaktion POLYGLOTT, Grillparzerstraße 12, 81675 München, redaktion@polyglott.de, Tel. 089/450 00 99 41
www.polyglott.de

1. komplett überarbeitete Auflage 2016

© 2016 TRAVEL HOUSE MEDIA GmbH München
Dieses Buch wurde auf chlorfrei gebleichtem Papier gedruckt.
ISBN 978-3-8464-6222-5

Alle Rechte vorbehalten. Nachdruck, auch auszugsweise, sowie die Verbreitung durch Film, Funk, Fernsehen und Internet, durch fotomechanische Wiedergabe, Tonträger und Datenverarbeitungssysteme jeglicher Art nur mit schriftlicher Genehmigung des Verlages.

Bei Interesse an maßgeschneiderten POLYGLOTT-Produkten:
Verónica Reisenegger
veronica.reisenegger@travel-house-media.de

Bei Interesse an Anzeigen:
KV Kommunalverlag GmbH & Co KG
Tel. 089/928 09 60
info@kommunal-verlag.de

Redaktionsleitung: Grit Müller
Verlagsredaktion: Anne-Katrin Scheiter, Antonia Latković
Autorin: Karin Baedeker
Redaktion: Buch und Gestaltung, Britta Dieterle und Heide-Ilka Weber
Bildredaktion: Dr. Nafsika Mylona
Titeldesign: fpm factor product münchen
Layoutkonzept: uteweber-grafikdesign
Karten und Pläne: GeoGraphic Production GmbH
Satz: uteweber-grafikdesign
Herstellung: Anna Bäumner
Druck und Bindung: Drukarnia Dimograf Sp.zo.o. (Polen)

TRAVEL HOUSE MEDIA

Ein Unternehmen der
GANSKE VERLAGSGRUPPE

Bildnachweis:

Coverfoto © mauritius images/imageBROKER/Heiner Heine

Karin Baedeker: 6; Ludwig Beck: 142; Bildagentur Huber/R. Schmid: 36, 136; Dallmayr: 16-2; dpa Picture-Alliance / Rumpf, Stephan: 146; Farbdia-Archiv Amberg/Gunda Amberg: 62, 63, 91, 92, 104, 111-2, 124, 126; Farbdia-Archiv Amberg/Dr. Hellmuth Amberg: 102; Farbdia-Archiv Amberg/C.&M. Mitteregger: 72; Farbdia-Archiv Amberg/Otto Schraml: 128; Robert Fishman: 42, 50, 51; Fotolia/Adamus: 24; Fotolia/anyaivanova: 84-2 ; Fotolia/ArTo: 28, 30; Fotolia/DeVIce: 114; Fotolia/Jenifoto: 26; Fotolia/Andrey Omelyanchuk: 11; Fotolia/Olivr Raupach: 44; Fotolia/steschum: 86; GOP Varieté Theater/Alexander Dakos: 32; Nina Hille: 48, 54, 58, 59, 137; Hotel Laimer Hof am Schloss: 131; Hotel Torbräu: 133-2; Jahreszeitenverlag/GourmetPictureGuide: 20, 149; Jahreszeitenverlag/Christina Körte: 40, 94, 132; Jahreszeitenverlag/Walter Schmitz: 14, 16-1, 38; Jahreszeitenverlag/Götz Wrage: 108; Jazzclub Unterfahrt/Oskar Henn: 147; Kaveh Kasravi: 144; Kuffler: 134; Literaturhaus München: 19; Sabine von Loeffelholz: 76, 79, 99, 103, 106, 133-1, 135, 138, 145; LOOK-foto/TerraVista: 64; Nicki Marquardt/Tobias Glaser: 143; mauritius images/ imagebroker: 111-1; mauritius images/Reiner Kaltenegger: 43; H.P. Merten: 10, 18, 31, 115-1, 122; Benjamin A. Monn: 130; Officina Fotografica: 139; Pixelio/adel: 80; Pixelio/die Geliebte: 23; Pixelio/Richard: 84-1; Pixelio/sirknippsalot: 56; Pixelio/Dirk Suhm, 52; Prinzregententheater: 88, 148; seasons.agency/GourmetPictureGuide: 140; Servus Heimat/joern blohm 2013: 35; Shutterstock.com/artjazz: 22; Shutterstock.com/FooTToo: 87, 115-2; Shutterstock.com/haraldmuc: 90; Shutterstock.com/meunierd: 66; SWM: 110; Armin Spinar: 120, 141; TAM MUC/Alfred Müller 72; TAM MUC/Petra Ruggiero: 67, 70; TAM MUC/Christa Tkaczyk: 98; Hanna Wagner: 46, 47, 82, 95, 119, 127.

MVG
Ganz einfach mobil

Zu Besuch in München? Fragen Sie einen echten Münchner.

MVG Fahrinfo München

Die starke App für München!

Jetzt einfach gratis downloaden!

- HandyTicket
- bargeldlos & überall
- Live-Abfahrtszeiten
- Routenplanung
- Standortbestimmung

Erhältlich im App Store

JETZT BEI Google play

mvg.de